華志文化

華志文化

蘇格拉底之死

追溯走出死亡的智慧

蘇格拉底走過雅典街頭，向人們呼籲：認識你自己！不要為財富所累，要尋找真理，並成為哲學家！一位哲學家不該畏懼死亡？

柏拉圖（古希臘）
Ploto/原著
吳松林、陳安廉/譯者

名家名譯
大師智慧

The Last Days of Socrates

「希臘三賢」蘇格拉底、柏拉圖、亞里斯多德
一部蘇格拉底獨特思想和人格魅力的哲學經典

人類精神殿堂的入門書

西方哲學的奠基代表作

◆古希臘偉大的哲學家蘇格拉底◆

他一生注重哲學的研討。因為他的智慧，因為他對真理的追求與維護，也最終導致了被雅典法庭處死的命運。他用生命演繹和展現了哲學，堅定地維護著自己的真理和智慧，直到被判處死刑。他曾說過這樣一句話：「未經反省的人生不值得活。」同時他也用他的一生反省。反省自己，反省哲學，反省城邦制度，又到處宣講他的哲學。這個大智者用他的思想、他的魅力感染著周圍的人們。

他奉行公正、勇敢、智慧與節制，用他超群的智慧闡釋著哲學思想。追求完善的人註定會孤獨的。他坦然地面向死亡，死亡對於他來說是人生最大的幸運。他用天鵝的預見來比喻自己對死亡的感受。天鵝將死，為死而悲鳴，扇動著羽翼，唱出生平最後的也是最漂亮、最動聽，甚至最快樂的歌。在他看來天鵝預見到了死後靈魂的歸所，因而他只有去死才能探詢得到更深的哲理。於是面對死亡，他不但不畏懼，反而坦坦然。即使他可以有很多方式可能獲得不死，但是他不願意，他情願接受死，這就是他作為智者留給自己的選擇。

他留給他的門徒以及所有世人最後的話竟是：盡可能少地去想蘇格拉底，盡可能多地去探詢真理吧！

◆英譯者序◆

在與埃克格拉底①的談話中，斐多說：「不管是自己說，還是聽別人講，回憶蘇格拉底都是最快樂的事，其他任何事情都比不上。」在蘇格拉底的這些朋友看來，蘇格拉底就是這麼一位值得回憶的人，談論他的為人、回味他說過的一些話都是最令人快樂的事。蘇格拉底到底具有什麼樣的魔力，如此吸引這班朋友，讓他們覺得懷念他是世上最快樂的事呢？

對於蘇格拉底死後幾千年才存在的我們，已經沒有福氣親自聆聽這位大師的教誨，跟他一起探討美德了。然而，透過閱讀有關他的記載、探討他曾經討論過的問題，我們還是能夠感受到蘇格拉底迷人的特質。尤其是他的學生柏拉圖撰寫的對話錄使我們看到了蘇格拉底——一個栩栩如生的哲人形象。

《尤西佛羅篇》、《申辯篇》、《克里托篇》、《斐多篇》四篇對話描寫了從蘇格拉底被法庭召喚到飲下毒藥的這段時間裡發生的幾次談話。《尤西佛羅篇》中，蘇格拉底被法庭召喚，在法庭門口遇到前來狀告自己父親的尤西佛羅。蘇格拉底向

---

① 埃克格拉底，Echecraates，蘇格拉底的朋友，《斐多篇》中的對話者。

他請教狀告自己父親的行為是否正當的問題，進而討論到「虔誠是什麼」的問題。《申辯篇》記錄了蘇格拉底在法庭上為自己辯護的過程，是蘇格拉底向雅典人坦露心扉的一次講演。《克里托篇》中，克里托勸蘇格拉底越獄逃跑，但最終被蘇格拉底說服，認為遵守法律接受死刑才是正確的做法。《斐多篇》則記錄了蘇格拉底在飲下毒藥的那一天，跟朋友們進行的最後一次對話，極為感人，令人落淚。

在這些對話中，蘇格拉底面對指控時的反應看起來很令人不解，因為他似乎是在引導自己走向死亡，故意放棄多次可以避免死亡的機會。其實只要他願意，他完全可以不必被判有罪；而在被判有罪之後仍然可以爭取以繳納罰金、放逐等刑罰來代替死刑，但他沒有去爭取；甚至即使在監獄裡他還有機會逃跑活命，但蘇格拉底執意赴死，不願逃跑。這些行為看起來很奇怪，但我們不應該理解為蘇格拉底不愛惜生命，即使沒有法庭的判決也會去自殺。或許死亡並非蘇格拉底的目的，而只是他的生活原則與其處境相結合的結果。他的原則使他在那些處境中必須做出那樣的反應而不是別的反應。

首先，在法庭的辯護環節，蘇格拉底認為必須講真話，所以他向雅典人直言自己做了什麼、為什麼要做那些事。這些話揭露了雅典人自以為有智慧而實際上沒有智慧，蘇格拉底自己也能預計到這樣的話不會得到雅典人的好感，而只會引起他們的羞惱，促使他們判他有罪。若不說這些真話，蘇格拉底完全可以避重就輕，甚至編造一些雅典人愛聽的話來討好他們，以此避免刑罰。

再次，在蘇格拉底入獄後，他的朋友們完全能夠幫助他順利越獄逃跑。蘇格拉底卻認為逃跑是不正確的行為，即使這次判決的結果並不公正，但遵守在法律之下的判決結果是正確的行為，而違反法律是錯誤的。理由是不遵守法庭按照法定程序做出的判決意味著對法律的反抗，是在試圖毀滅法律。要是每個覺得判決結果不公正的人都可以私自不遵循判決結果，法律就會被毀滅。另外，蘇格拉底認為他本人是對城邦及其法律感到滿意的，是在行為上而不是在口頭上與法律達成了一個協議，那就是遵守城邦的法律，不遵守法庭的判決就是在破壞協議、違背承諾。

要理解蘇格拉底的行為，必須抓住一點：蘇格拉底只承認論證的權威，而無視其他意見。可以想像，蘇格拉底年輕的時候跟他的同輩們，跟古代的其他年輕人沒什麼不同。直到有一天，蘇格拉底想到了一門追求真理的技術。這個技術與他從智者那裡學到的詭辯術不同，因為詭辯術的目的在於說服別人，只要能讓對方心服口服就行，不必自己相信自己所說的是正確的；但蘇格拉底忽然掌握了一門新的辯論技術，它的目的不在於說服別人，而在於說服自己，在於找到真正正

確的信念，說服別人只作為附帶的目的。

這門技術首先是一門發現無知的技術。可以透過這門技術的操作把「自以為知道些什麼而實際上一無所知」這種糊塗狀態揭示出來。蘇格拉底的特立獨行，面對死亡時無所畏懼的輕鬆心態是從哪裡來的呢？我相信就是這門技術給了他力量，使他堅信自己所做的即使不是正確的，也是他目前可以想到的最有理由相信為正確的。

譯者／陳安廉

◆◆目錄：蘇格拉底之死 The Last Days of Socrates

CHAPTER 1 第一篇：尤西佛羅篇

這次對話發生在蘇格拉底被起訴之後、被審判之前，蘇格拉底與尤西佛羅在法庭門口相遇。尤西佛羅來法庭是為了告發自己的父親殺害了自家的一個雇工。雖然有些人認為尤西佛羅狀告自己的父親這樣的行為是不虔誠的，但尤西佛羅對自己的做法非常有信心，認為自己懂得什麼是虔誠、什麼是不虔誠，而那些人「根本就不知道什麼是虔誠、什麼是不虔誠」。就這樣，蘇格拉底開始向尤西佛羅請教「虔誠是什麼」的問題。

在蘇格拉底的追問下，尤西佛羅給虔誠下了一個定義：任何被諸神喜愛的事物就是虔誠的，否則就是不虔誠的。但蘇格拉底指出諸神之間也有意見分歧的時候，對同一件事情，這個神靈喜愛，而另一個神靈未必會喜愛。然後蘇格拉底糾正說，一件事情之所以被神靈喜愛是因為它是虔誠的，而不是反過來，它是虔誠的，是因為它被神靈所喜愛。因此，對於「虔誠是什麼」這個問題，我們還沒有解決。

這篇對話很好地展示了蘇格拉底想要尋求的問題的答案的模式，即知道一個概念的判斷標準或者說形式。蘇格拉底想知道判斷虔誠的標準是什麼，而不是僅要知道某個具體的事情是否是虔誠的。實際上，也只有知道了那個標準是什麼，才能有根據地表明某件具體的事情是否是虔誠的；如果我們連判斷虔誠的標準都不知道，怎麼能知道某件具體的事情是否是虔誠的呢？

尤西佛羅[1]：蘇格拉底，到底是什麼樣的新鮮事，竟使你不在呂克昂[2]溜達，而跑到這王宮門前消磨時間。難道你也和我一樣，是為了案子而來？

蘇格拉底：我的這事嘛，尤西佛羅，按雅典人的說法，已經不能叫案子了，而是重大案件。

尤西佛羅：是嗎？我想是有人控告你，因為很難想像你會告別人。

蘇格拉底：確實，我沒告別人。

尤西佛羅：那就是有人告你囉？

蘇格拉底：是的。

尤西佛羅：是誰告的呢？

蘇格拉底：尤西佛羅啊，我也不太瞭解他。他看起來很年輕，沒什麼名氣。我想他們都叫他梅勒圖斯[3]，是皮所區[4]人，有一頭長髮，一點鬍鬚，像鷹嘴一樣的鼻子，也許你對他的樣貌有些印象。

---

01 尤西佛羅，Euthyphro，蘇格拉底的朋友，本篇的對話者。

02 呂克昂，Lyceum，地名，蘇格拉底常去那裡散步，跟人們聊天。

03梅勒圖斯，Meletus，控告蘇格拉底的人之一。
04皮所區，Pitthean，古希臘地名。

尤西佛羅：我不認識他。蘇格拉底，他控告你什麼？

蘇格拉底：第一次聽到他說的時候，我簡直驚呆了。他說我是一個造神的人，造了一個新神，還有就是不相信原來的神。這就是他的指控。

尤西佛羅：我明白的，蘇格拉底。那是因為你說過自己得到了神聖的徵兆，所以他把你當成要改革宗教的人。他知道這種事很容易在人們中誤傳誤信，於是就來法院誹謗你。我也遇到過這種情況。每當我在聚會時說神聖方面的事情、預言未來時，他們就笑我，說我瘋了；即使我預言的事一向都很準。不管如何，他們嫉妒我們這樣的人。我們不能退讓，要與他們抗爭一番。

蘇格拉底：親愛的尤西佛羅，被嘲笑倒沒什麼關係。因為雅典人不會介意某人很聰明，但如果他們認為某人以自己的聰明傳授別人知識，就會受不了。這也許是出於嫉妒，也可能是出於其他原因。

尤西佛羅：在這個問題上，他們對我是怎麼想的，我根本沒興趣去深究。

蘇格拉底：也許在他們看來，你沒有那麼引人注目，覺得你沒有想把自己的智慧傳授給別人。但恐怕由於我對人們的喜愛，他們會認為我樂意把自己想說的東西毫無保留地給任何人講授，不僅不收費，還會酬謝願意聽的人。如果他們只是像嘲笑你那樣想嘲笑我一番，花點時間跟他們在法庭上辯論一番倒也不是什麼不愉快的事。但如果他們是認真的，結果會怎樣，也就只有你這樣的預言家才能知道了。

尤西佛羅：也許不會有什麼要緊的事，蘇格拉底，你會很好地處理好這件事，如同我對自己的事那樣。

蘇格拉底：你的事是什麼呢？尤西佛羅，你是被告還是原告？

尤西佛羅：原告。

蘇格拉底：你告的是誰呢？

尤西佛羅：一個人們會認為只有我瘋了才會告的人。

蘇格拉底：為什麼？難道你告的人長著翅膀，會飛走？

尤西佛羅：沒有那回事，他不但不會飛，還很老了呢。

蘇格拉底：他是誰呢？

尤西佛羅：我的父親。

蘇格拉底：你真可愛！你自己的父親？

尤西佛羅：是的。

蘇格拉底：告他什麼呢？案情是怎樣的？

尤西佛羅：蘇格拉底，是謀殺。

蘇格拉底：真出乎意料！尤西佛羅，大部分人確實會想不通怎麼可以這樣做，這樣做是否合適。不是每個人都能做到這樣，但一個充滿智慧的人或許會不一樣。

尤西佛羅：是的，以宙斯之名，蘇格拉底，確實如此。

蘇格拉底：被你父親殺害的人是你的親屬嗎？因為如果被殺害的是陌生人的話，顯然你不會去告你父親，是嗎？

尤西佛羅：蘇格拉底，這樣說太荒唐了。因為你認為謀殺一個陌生人和謀殺一個親屬是不同的。謀殺一個人應該只看殺得是否符合正義；如果他殺得符合正義，就不必管他；但如果不符合，他就應該被起訴，即使他跟你用著同一個爐灶、同一張餐桌。如果你明知道他殺了人，還與他為伴，而不把他帶去審判，以此來遮掩自己和他的罪行，那你跟他有同樣的罪過。受害人是我家的一個雇工。當時我們在納克索⑤耕種，雇他來幫忙；但他在喝醉酒時跟我們的一個奴隸發生爭執，並衝動地殺害了那個奴隸。我父親便把他的手腳捆綁起來，扔到一個溝裡。

然後叫一個人到雅典去詢問祭司該怎麼處置他。在那期間我父親絲毫沒理會那個雇工，認為他是一個兇手，即使死掉也沒什麼關係。由於又餓又冷又被綁住，在祭司的消息傳回之前，那個雇工就已經死掉了。現在，因為我告發我父親謀殺，我父親和其他親戚都對我很生氣。他們說，我父親沒有殺人，就算殺了，也是那個雇工罪有應得，因為他是一個謀殺者。他們還說兒子告發父親是不虔誠的。蘇格拉底，你看，他們根本就不知道什麼是虔誠、什麼是不虔誠。

蘇格拉底：宙斯在上，尤西佛羅，你真的認為自己對神聖、虔誠、不虔誠有很準確的認識，以致在你說的那種情況下，你一點都不擔心把自己的父親送上法庭是一件不虔誠的事？

尤西佛羅：蘇格拉底啊，如果我對這類事情沒有準確的認知，那我尤西佛羅就會一無是處，就不會比大多數人高明了。

蘇格拉底：這對我來說真是太好了！值得讚揚的尤西佛羅，我要拜你為師，並在這個案件上挑戰梅勒圖斯，在與他進行法庭辯論前告訴他：我一直都認為關

---

05 納克索，Naxos。

於神聖的知識是最為重要的，現在他卻說我因改革宗教而有罪。我會對他說：「梅勒圖斯，如果你同意尤西佛羅在這些主題上是有智慧的，那麼你應該相信我在這方面的見解也是正確的，而不是把我送去審判。如果你不這麼認為，那就去告我的老師，而不是告我，因為他透過教導腐蝕了我，還透過譴責和懲罰腐蝕了自己的父親。」如果他沒被說服，不肯撤掉對我的指控，或者不以告你來代替告我，那我同樣會在法庭上說出這些話來挑戰他。

尤西佛羅：以宙斯之名，蘇格拉底，如果他試圖控告我，我想我會發現他的弱點，在法庭上議論的將會是他，而不是我。

蘇格拉底：在這些考慮之後，我親愛的朋友，我渴望成為你的學生。我知道別人，包括梅勒圖斯都沒有注意到你，而看到我稜角分明，所以他指控我不敬神。以宙斯之名，請你現在告訴我，你現在清楚知道的那些知識：不僅在謀殺當中，也把其他事情考慮進來，虔誠的本質是什麼？不虔誠的本質又是什麼？是否在每一件虔誠的事情當中，虔誠總是同一個。另外，所有虔誠的事情和不虔誠的事情都是相反的，就像虔誠本身和不虔誠本身相反那樣。所有不虔誠的事情，都有同一個形式[6]，所有虔誠的事情也都有同一個形式？

⑥形式，Formm，用以判斷任何一件事是否符合某個詞語的標準。

尤西佛羅：當然。

蘇格拉底：那麼，請告訴我，虔誠是什麼？不虔誠是什麼？

尤西佛羅：虔誠就是做我正在做的事情，控告做了諸如謀殺、盜取聖物等錯事的人，而不管做錯事的人是你的父親，還是你的母親，抑或是其他任何人。不控告則是不虔誠的。蘇格拉底，請看看我給你提供的強有力證明。這個證明我跟別人也講過，即做了不虔誠事情的人，不應該逃脫懲罰，不管他是誰都一樣。人們相信宙斯是諸神中最好、最公正的。宙斯因自己的父親邪惡地吞食兒子而綁縛他，而那位父親也出於相似的理由閹割了自己的父親，人們贊同這種做法。但我因自己的父親做錯事而控告他，人們卻感到氣憤。所以，他們對神用一套說法，對我又用另一套說法，這是互相矛盾的。

蘇格拉底：尤西佛羅啊，這正是我被控告的原因啊。因為我發現很難接受關於諸神的這類說法，因而被告知自己做錯了。現在，如果連你都對這類事情有著充分的認知，還跟他們有著相同的看法，看來我們必須向他們讓步了。否則我還能說什麼呢，我自己對這些事情一無所知。告訴我，以友誼之神的名義，你真的相信這些事情是真的嗎？

尤西佛羅：是的，蘇格拉底，還有更令人驚奇的事呢，而且這些事情大部分人都還不知道。

蘇格拉底：你真的相信諸神之間存在著戰爭、可怕的敵對和爭鬥嗎？還有詩歌中說的那些事，被一些能工巧匠描繪在廟宇中的那些，以及在節日裡送往衛城的繡袍上所繪的那些故事，我們能說都是真實的嗎，尤西佛羅？

尤西佛羅：不止這些，蘇格拉底。就像我剛才說的那樣，如果你喜歡，我還可以告訴你很多關於諸神的這類事情，相信你一定會大吃一驚。

蘇格拉底：應該不會很吃驚，有空的時候再給我講講吧。現在，請試著更清楚地告訴我剛才問的那個問題。當我問你虔誠是什麼時，我的朋友，你還沒有教會我什麼，而只是告訴我你正在做的事，即控告你的父親是虔誠的行為。

尤西佛羅：但我說的是真的，蘇格拉底。

蘇格拉底：也許是真的。但你也同意還有其他很多虔誠的行為，是嗎？

尤西佛羅：當然存在。

蘇格拉底：我還記得，我沒有叫你告訴我一個或兩個虔誠的例子，而是讓你告訴我虔誠的形式本身。這個形式使得所有虔誠的行為成為虔誠的。因為你同意所有不虔誠的行為是不虔誠的，以及所有虔誠的行為都是透過同一個形式得以成為虔誠的。你還記得嗎？

尤西佛羅：我記得。

蘇格拉底：告訴我這個形式本身是什麼？這樣我可以透過查詢它，透過使用它作為一個模型，來辨別任何不管是你的行為還是別人的行為到底是不是虔誠的，如果不符合，則不是虔誠的。

尤西佛羅：如果這就是你想要的，蘇格拉底，我會告訴你的。

蘇格拉底：這就是我想要的。

尤西佛羅：很好，那麼，任何被諸神喜愛的事物就是虔誠的，否則就是不虔誠的。

蘇格拉底：真了不起！尤西佛羅，你已經以我想要的方式回答了問題。即使我還不知道你的回答是否正確，但很明顯，你會向我表明你說的是真的。

尤西佛羅：當然。

蘇格拉底：那麼，讓我們來總結一下：一種行為或者一個人被神喜愛，就是虔誠的；一種行為或一個人被諸神所厭惡，則是不虔誠的。虔誠和不虔誠的理由不是同一個，而是正好相反。是這樣嗎？

尤西佛羅：確實如此。

蘇格拉底：那看起來是一個非常好的描述？

尤西佛羅：是這樣的。

蘇格拉底：我們也說過諸神之間是會有意見不合的情況，他們也會有敵對和爭鬥，是嗎？

尤西佛羅：我們有這樣說過。

蘇格拉底：那麼，如果一個話題引起了諸神之間的敵對和憤怒，這又怎麼解釋呢？讓我們這樣考慮一下，如果你和我對於哪個東西數目更大意見不合，這個分歧會使我們敵對和憤怒，我們接著數一下，就可以很快解決這個分歧。

尤西佛羅：確實可以。

蘇格拉底：關於哪個重哪個輕也是如此，我們可以透過磅秤去達成一致意見。

尤西佛羅：當然。

蘇格拉底：哪些問題會使我們無法達成一致意見，造成我們之間的憤怒和敵意呢？也許你現在還沒有準備好回答，但請考慮一下下面的這些話題是否會符合要求：正義與不正義、美麗與醜陋、好與壞。我們對這樣一些話題是難以達成一

致意見的，不管是我與你，還是任何人之間，都會彼此充滿了分歧。

尤西佛羅：這些話題確實會造成分歧。

蘇格拉底：對於諸神呢？尤西佛羅，如果諸神之間確實會存在分歧，難道不會在這些話題上有分歧嗎？

尤西佛羅：一定會的。

蘇格拉底：那麼，根據你的說法，尊貴的尤西佛羅，不同的神對什麼事情是正義的、美麗的、醜陋的、好的和壞的存在不同的意見。如果他們沒有在這些問題上有分歧，就不會有爭吵了，是嗎？

尤西佛羅：你說得對。

蘇格拉底：每位神靈都會喜愛自己認為是好的、正確的東西，厭惡與這些東西相反的東西？

尤西佛羅：當然。

蘇格拉底：但是你說過對同一件事，有些神靈認為是正義的，另一些則認為是不正義的。當他們意見不合時，會互相爭吵，甚至引起戰爭。是嗎？

尤西佛羅：是的。

蘇格拉底：同一件事，有些神靈喜愛，有些神靈厭惡。也就是說，既是被神靈喜愛的，也是被神靈厭惡的。

尤西佛羅：看起來是的。

蘇格拉底：那麼，根據這個論證，同一件事，就既是虔誠的，又是不虔誠的？

尤西佛羅：恐怕是的。

蘇格拉底：所以，我的朋友，你還沒回答我的問題。我沒問你什麼事情既是虔誠的，又是不虔誠的，按你所說的既被神靈喜愛又被神靈厭惡。如果是那樣的話，尤西佛羅，像你這樣懲罰自己的父親，這種行為會令宙斯高興，但會讓克羅諾斯[07]和烏拉諾斯[08]不悅；會取悅赫菲斯托斯[09]，但會讓赫拉[10]不開心；同樣，其他神靈對這個問題也都會有不同的看法。我們這樣想就一點也不奇怪了。

[07] 克羅諾斯，Cronus，宙斯的父親，被宙斯擒住，困在地獄中。
[08] 烏拉諾斯，Uranus，克羅諾斯的父親，被克羅諾斯閹割。
[09] 赫菲斯托斯，Hephaestus，古希臘神話中的火神，宙斯的兒子。
[10] 赫拉，Hera，宙斯的妻子。

尤西佛羅：蘇格拉底，我認為，在這件事情上，諸神不會出現意見分歧，誰都會同意不正義地殺害別人的人應該受到懲罰。

蘇格拉底：很好。尤西佛羅，你聽說過有人主張一個不正義的殺了人的人不應該受到懲罰嗎？

尤西佛羅：在這個話題上，他們從來沒停止過爭論，不管是在法庭上，還是在其他地方，因為他們在犯了罪之後，為了避免受到懲罰，不管是什麼事都會做，什麼話都會說。

蘇格拉底：他們是否同意自己做錯了，尤西佛羅，然後說雖然做錯了，但不該受到懲罰，是這樣嗎？

尤西佛羅：不，他們不認為自己做錯了。

蘇格拉底：那就有些話他們不會說，有些事不會做，因為他們不會冒險說自己做錯了但不該受到懲罰，而是會說自己沒有做錯。是嗎？

尤西佛羅：你說得對。

蘇格拉底：做錯的人應得到懲罰，他們對這個觀點沒有分歧。而是會爭論誰做錯了，在什麼時候做了什麼事。

尤西佛羅：是這樣的。

蘇格拉底：如果就像你說的那樣，他們確實會關於正義和不正義互相爭吵，那麼諸神之間是否會出現同樣的情況呢？有些神說某些神做錯了，其他神則說沒有，是嗎？我的朋友，但可以確定的是，沒有人，也沒有任何神會冒險認為做了錯事而不應該受到懲罰。

尤西佛羅：是的，蘇格拉底，你說得大體上是對的。

蘇格拉底：不管是人，還是神，如果諸神之間確實有分歧的話，他們所爭論的是某個具體的行為。一些神說該行為是正確的，另外一些說是錯誤的。是這樣嗎？

尤西佛羅：是的。

蘇格拉底：來吧，親愛的尤西佛羅，請告訴我，讓我變得更加有智慧。你如何證明所有神都會同意那個雇工在殺了一個奴隸之後被奴隸的主人綁縛起來，並且在祭司的處置消息回來之前死去，這種死法是不公正的；而那個主人的兒子為了這件事狀告他的父親是正確的行為？請試著清楚地告訴我，諸神一定會相信這個行為是正確的，如果你能給出滿意的證明，我這輩子都會頌揚你的智慧。

尤西佛羅：這也許不是一個輕鬆的任務，蘇格拉底，儘管我能夠給你一個非常清楚的證明。

蘇格拉底：我明白，你是認為我比陪審員還笨，因為你將會向他們表明這些行為是不正義的，所有神靈都厭惡這種行為。

尤西佛羅：我會非常清楚地向他們表明的，蘇格拉底，只要他們肯聽我講。

蘇格拉底：他們會聽你講的，如果他們認為你說得很好。但在你說話的時候，我突然想到一點，在心裡自言自語道：「如果尤西佛羅向我證明了所有神都認為雇工的死是不公正的，我能從這個結論當中學習到什麼是虔誠、什麼是不虔誠嗎？這個行為看起來被諸神厭惡，但是虔誠和不虔誠並不因此被定義，因為被諸神所厭惡的行為也被他們所喜愛。」所以我不會非要讓你去證明雇工的死很冤枉。如果你喜歡的話，讓我們這樣來總結一下：所有神都認為那個行為是不公正的，並且他們都厭惡它。然而，從我們的討論中可以得到一個恰當的結論，那就是所有神厭惡的是不虔誠的，所有神喜愛的是虔誠的，被一些神喜愛但被另外一些神厭惡的則兩者都是或者兩者都不是？你覺得現在可以這樣定義虔誠和不虔誠嗎？

尤西佛羅：還有什麼阻礙我們這樣做定義呢，蘇格拉底？

蘇格拉底：在我這邊沒有什麼阻礙，尤西佛羅，但看看在你那邊，這個定義能否幫助你按你答應過我的更容易地教會我？

尤西佛羅：我可以肯定地說，虔誠就是所有神靈喜愛的東西，相反，所有神靈都厭惡的則是不虔誠。

蘇格拉底：那麼，我們是否要再來檢驗一下它是否是一個可靠的表述？還是說，我們就放過它了，無論誰只是隨口說說，我們就接受？抑或是我們應該檢驗它說的是什麼意思？

尤西佛羅：我們必須檢驗它，我很確定，就目前而言它是一個很好的表述。

蘇格拉底：我們很快就會知道是否是那樣。請這樣考慮一下：虔誠的事情之所以被諸神喜愛，是因為它是虔誠的呢，還是說，一個事物是虔誠的，是因為它被諸神喜愛？

尤西佛羅：我不明白你的意思，蘇格拉底。

蘇格拉底：我來試著更清楚地解釋一下。我們說某個東西被攜帶著，另一個東西攜帶；或者一個東西被領著，另一個東西帶領；一個東西被看見，另一個東西觀看。你能理解這些事物中其中一個與另一個是不同的，以及是怎樣不同的嗎？

尤西佛羅：我想能。

蘇格拉底：同樣，一個東西被喜愛，也有另一個不同的東西去喜愛。

尤西佛羅：當然。

蘇格拉底：那麼，告訴我，一個被攜帶著的東西之所以被攜帶著，是因為有東西在攜帶它，還是由於其他原因？

尤西佛羅：不會有其他原因。

蘇格拉底：一個被領著的東西之所以被領著同樣是因為有東西在領著它，被看到的東西同樣是因為有東西在看它才成為被看到的東西？

尤西佛羅：當然。

蘇格拉底：所以，有人看著一個東西並不是因為那個東西是一個被看著的東西，而是正好相反，它之所以是一個被看著的東西是因為有人看它。同樣，有人領著一個東西並不是因為那個東西是一個被領著的東西，而是相反，它之所以是一個被領著的東西是因為有人領著它。有人攜帶著一個東西並不是因為那個東西是一個被攜帶著的東西，相反，它之所以是被攜帶著的東西是因為有人攜帶著它。尤西佛羅，我這樣講清楚嗎？我想說的是：任何行為或者激情的產生，都必須要有一個更早的行為或激情。如果一個東西發生變化或者遭受任何影響，它發生變化並不是因為它處於變化的狀態，而是反過來，它處於變化的狀態，是因為它發生了變化；一個東西遭受了影響，不是因為它處於遭受影響的狀態，而是反過來，它處於遭受影響的狀態，是因為它遭受了影響。你同意這種說法嗎？

尤西佛羅：我同意。

蘇格拉底：是否可以這樣說，一個東西被愛就是處於一種變化的狀態或者遭受影響的狀態？

尤西佛羅：是的。

蘇格拉底：所以就像剛才舉的那些事情那樣，情況是一樣的：一個東西喜愛另一個東西，並不是因為被愛的東西是一個被愛的東西，而是反過來，那個東西之所以是被愛的東西，是因為有東西愛它？

尤西佛羅：很明顯。

蘇格拉底：那麼，對虔誠又可以怎麼說呢，尤西佛羅？根據你前面的說法，它是被所有神靈所喜愛的，對嗎？

尤西佛羅：當然。

蘇格拉底：它之所以被喜愛，是因為它是虔誠的，還是因為別的理由？

尤西佛羅：就只有那個理由。

蘇格拉底：它被喜愛，是因為它是虔誠的；而不是反過來，它之所以是虔誠的，是因為它被喜愛？

尤西佛羅：很明顯。

蘇格拉底：一個東西之所以是被愛、被神靈喜愛，是因為神靈喜愛它們，是嗎？

尤西佛羅：當然。

蘇格拉底：那麼，神靈喜愛的東西就不等同於虔誠的東西。尤西佛羅，按你的說法，虔誠的東西不同於神靈喜愛的東西，而是其中一個與另一個不同⑪。

尤西佛羅：怎麼會這樣，蘇格拉底？

蘇格拉底：因為我們都同意虔誠的東西之所以被喜愛，是因為它是虔誠的東西；而不是反過來，它之所以是虔誠的，是因為它被喜愛。是這樣嗎？

尤西佛羅：是的。

---

⑪蘇格拉底證明虔誠的東西跟被神靈喜愛的東西不是同一個東西。
（a）一個東西之所以是被神靈喜愛的東西，是因為神靈喜愛它。
（b）一個東西之所以是虔誠的，並不是因為它被神靈喜愛（神靈喜愛虔誠的東西，是因為它是虔誠的）。
所以（c）神靈喜愛的東西不等同於虔誠的東西。

蘇格拉底：另一方面，被神靈喜愛的東西之所以是被神靈喜愛的東西，就是因為神靈喜愛它，是由於神靈喜愛它這樣一個事實。而不是反過來，神靈喜愛它，是因為它是被神靈喜愛的東西。

尤西佛羅：是的。

蘇格拉底：我親愛的尤西佛羅，如果被神靈喜愛的東西與虔誠的東西是等同的；那麼，如果虔誠的東西被喜愛是因為它是虔誠的，就會得出，被神靈喜愛的東西之所以被喜愛，是因為它是被神靈喜愛的東西；如果神靈喜愛的東西之所以是神靈喜愛的東西，是因為神靈喜愛它，那麼虔誠的東西之所以是虔誠的東西，就會是因為神靈喜愛它。現在你可以看到，把它們放一起考慮時，它們的原因是完全不同的：被神靈喜愛的東西之所以被喜愛，是因為神靈喜愛它（被喜愛的東西是因為被喜愛而成為被喜愛的東西）；對於另外一個，神靈之所以喜愛它，是因為它本身是一個值得喜愛的東西（虔誠的東西因為虔誠而被喜愛，是因為虔誠而成為被喜愛的東西）。尤西佛羅，恐怕，當你被問到虔誠是什麼時，你並不想清楚地向我揭示它的本質，而只想告訴我它產生的一個影響或者具備的一個性質，即虔誠有一個性質就是會被所有神靈所喜愛；但你還是沒有告訴我虔誠到底是什麼。現在，如果你樂意的話，就不要再藏著掖著了，請從頭告訴我虔誠到底是什麼吧。它是否被神靈喜愛，或者是否具有其他一些性質—我們不必為這個爭吵—你只需要告訴我虔誠是什麼，不虔誠又是什麼？

尤西佛羅：但是，蘇格拉底，我不知道怎樣才能將自己的想法告訴你，因為無論我們給出什麼陳述，它總會繞著圈子，而不會停留在我們給它安放的地方。

蘇格拉底：尤西佛羅，你的陳述看起來就像是屬於我的祖先戴達羅斯。倘若這些話是我說的，是我提出來的，你或許會嘲笑我，說我由於跟戴達羅斯⑫的血緣關係，我的結論在討論中總會跑掉，而不會待在我們把它放置的地方。但現在，這些陳述是你說出來的，所以，我們得拿你開玩笑了，因為你自己也看到了，你說的那些話總不會待在你把它們放置的地方。

尤西佛羅：我想，對於我們的討論而言，確實存在著這種笑話，蘇格拉底。但使它們逃走、兜圈子的人不是我；你才是戴達羅斯，因為如果是我主張的，它們就不會走開，而是會留在原地。

---

⑫戴達羅斯，Daedalus。蘇格拉底的父親是個雕塑家，並且把蘇格拉底當雕塑家培養；戴達羅斯是神話中技術高超的雕塑家，因其作品太過逼真以至於能夠自己跑掉。

蘇格拉底：看起來好像我比戴達羅斯還要聰明，我的朋友，因為他只是使自己的作品移動，而我卻能夠使別人的作品移動—如同使我自己的作品移動那樣。我的技藝中最精巧的部分，就是我在沒有想表現得聰明的情況下也是聰明的，因為我寧願讓自己的陳述保持不動，甚過於想佔有坦塔魯斯⑬的財富或戴達羅斯的聰明。不過這些話已經說得差不多了，因為我想你已經有點懈怠了。那就讓我來幫助你教會我自己關於虔誠的知識，並且在你說服我之前，我不應該放棄。現在考慮一下，是否認為所有虔誠都必然是正義的。

尤西佛羅：我認為是的。

蘇格拉底：所有公正的也都是虔誠的嗎？還是說，所有虔誠的都是公正的，但並非所有公正的都是虔誠的，還有一些公正的不是虔誠的？

尤西佛羅：我沒跟上你的思維，蘇格拉底。

蘇格拉底：那是因為你比我年輕太多，儘管你很有智慧。我說過，你因為自己擁有的豐富智慧而有所懈怠了。運用你的智慧吧，我的朋友，我說的並不難理

⑬坦塔魯斯，Tantalus，古希臘神話中的地獄。

解。我的意思跟下面的詩句剛好相反：

造物主宙斯創造了所有事物。
你們不願叫喚他的名字，
因為哪裡有恐懼，哪裡就有羞愧。
我並不贊同這個詩句，要我告訴你為什麼嗎？

尤西佛羅：必須的。

蘇格拉底：我並不認為「哪裡有恐懼，哪裡就有羞愧」，因為我想很多人會恐懼疾病、貧困，或者對其他東西感到恐懼，但並不對這些東西感到羞愧。你這樣想嗎？

尤西佛羅：是的。

蘇格拉底：但哪裡有羞愧，哪裡就有恐懼。有人對某個事物感到羞愧或者尷尬，會同時感到恐懼或者擔心差的名聲。

尤西佛羅：他確實會恐懼。

蘇格拉底：「哪裡有恐懼，哪裡就有羞愧」並不正確，而是反過來，有羞愧的地方，一定有恐懼。因為恐懼包含了一個比羞愧更大的範圍。羞愧是恐懼的一部分，就好像奇數是數的一部分；並不是有數的地方就有奇數，但有奇數的地方一定會有數。你跟上我的思維了嗎？

尤西佛羅：當然。

蘇格拉底：這也是我已經問過的問題，哪裡有虔誠，哪裡就有公正，但並非所有有公正的地方都有虔誠，因為虔誠是公正的一部分。我們能夠這樣說嗎？還是說你有別的想法？

尤西佛羅：沒有其他想法，就如你說的那樣。

蘇格拉底：看看接下來會怎樣：如果虔誠是公正的一部分，我們必須找出到底是公正的哪一部分。如果你問我這是什麼意思，意思就如同問數的哪一部分是偶數。我會說是能分成相等兩部分的那些數，而非那些不能分成相等兩部分的那些數。你也這麼想嗎？

尤西佛羅：是的。

蘇格拉底：按照相同的方式，請告訴我公正的哪一部分是虔誠。這樣我們就可以告訴梅勒圖斯不要再誤會我們了，不要再控告我不敬神了，因為我已經跟尤西佛羅學到了什麼是神聖的、虔誠的，以及什麼不是神聖的、虔誠的。

尤西佛羅：蘇格拉底，我想，公正中關切神的那部分是虔誠的和神聖的；而關切人的那部分就只是公正的。

蘇格拉底：我想你是對的，尤西佛羅。但是還有一點我想問問，因為我還不理解你說的「關切」是什麼意思。我不覺得你所說的「關切神」跟「關切其他東西」是在同一個意思上使用「關切」的。例如我們會說並不是每個人都知道怎樣「關切」馬，而只有掌握飼馬技藝的人才懂得，是這樣嗎？

尤西佛羅：我就是那個意思。

蘇格拉底：所以，飼馬就是「關切」馬的技藝？

尤西佛羅：是的。

蘇格拉底：並不是每個人都知道怎樣「關切」狗，除了獵人。

尤西佛羅：是的。

蘇格拉底：捕獵是「關切」狗的藝術。

尤西佛羅：是的。

蘇格拉底：養牛的藝術是對牛的「關切」？

尤西佛羅：當然。

蘇格拉底：虔誠和神聖是對神的「關切」，尤西佛羅，你的意思就是這樣嗎？

尤西佛羅：是的。

蘇格拉底：在每一個例子中，「關切」有同一個效果；即「關切」的目的是使被「關切」的對象變得更好或者獲得益處。就像你看到的，飼馬人「關切」馬是使馬變得更好。你是這麼想的嗎？

尤西佛羅：是的。

蘇格拉底：所以，狗從獵人的「關切」中獲益，牛從養牛人那裡獲益，其他例子也一樣。還是說，「關切」的目的是傷害所「關切」的對象？

尤西佛羅：絕對不會是傷害。

蘇格拉底：它的目的是增進被「關切」對象的利益？

尤西佛羅：當然。

蘇格拉底：那麼，虔誠，對神的「關切」，同樣也是利於神，使他們變得更好？你是否同意當你做一些虔誠的事情時，你在使一些神靈變得更好？

尤西佛羅：以宙斯之名，不是這樣。

蘇格拉底：我是否可以認為你的意思是──遠遠不是那種意思？為什麼我問你「關切」神是什麼意思呢？那是因為我不相信你所說的「關切」的意思就是這樣。

尤西佛羅：非常正確，蘇格拉底，我說的「關切」不是那種意思。

蘇格拉底：非常好，對神的什麼樣的「關切」是虔誠呢？

尤西佛羅：那種「關切」，蘇格拉底，就像奴隸「關切」其主人那種。

蘇格拉底：我明白，就像是一種服務諸神。

尤西佛羅：就是這樣。

蘇格拉底：你能告訴我醫生提供的服務，其結果是什麼？你認為是健康嗎？

尤西佛羅：是的。

蘇格拉底：造船師提供的服務呢，它指向的結果是什麼？

尤西佛羅：很清楚，蘇格拉底，製造船隻。

蘇格拉底：建築師的服務是建造房子？

尤西佛羅：是的。

蘇格拉底：告訴我，我的好朋友，對神服務的目的是產生什麼樣的結果？很明顯你知道答案，因為你說你自己是所有人當中對神聖擁有最豐富知識的那位。

尤西佛羅：是的，我沒有瞎說。

蘇格拉底：告訴我，以宙斯之名，神靈從我們對他的服務中獲得的極好結果是什麼？

尤西佛羅：很多好東西，蘇格拉底。

蘇格拉底：我的朋友，對於將軍而言，你能很輕鬆地告訴我他主要關心的是什麼，就是獲得戰爭的勝利，是嗎？

尤西佛羅：當然。

蘇格拉底：我想農夫也是如此，雖然獲得很多好東西，但主要的收穫是在地裡生產的食物。

尤西佛羅：是的。

蘇格拉底：很好，那麼，你如何概括神收穫的那些好東西呢？

尤西佛羅：剛才跟你講過了，蘇格拉底，要獲得這方面的知識不是那麼容易的。但簡單來講，我會說如果一個人在祈禱或祭祀中知道說些什麼話、做些什麼事來取悅諸神，這些就是虔誠的行為，能給家庭和國家帶來利益。與取悅諸神相反的行為，就是不虔誠的，會帶來破壞和毀滅。

蘇格拉底：尤西佛羅，如果你樂意的話，你早就簡單明瞭、正中要害地回答了我的問題了，但你明顯沒有教導我的熱情。就在你接近答案的時候，又跑到別的地方去了。如果你給出了那個答案，我早就已經跟你學到了關於虔誠本質的知識。無論如何，如同提問題的人必須跟著回答問題的人走，不管將被他帶到哪兒去那樣，請再給我說說，你對虔誠是怎麼看的，虔誠到底是什麼？你是說它是一

種關於祈禱和祭祀的技術嗎？

尤西佛羅：是的。

蘇格拉底：祭祀就是把禮物獻給神，祈禱就是對神提出請求？

尤西佛羅：正是如此。

蘇格拉底：根據這個陳述，虔誠就是關於如何奉獻神以及如何請求神的知識？

尤西佛羅：你對我說的話理解得很好，蘇格拉底。

蘇格拉底：那是因為我是多麼想得到你的智慧，並且我很專注其中，所以你說的話我都沒有忽略掉。請告訴我，這種對神的服務到底是什麼？你說它是向神請求，以及向神奉獻，是嗎？

尤西佛羅：是的。

蘇格拉底：正確的請求，就是向諸神請求我們需要的東西，是嗎？

尤西佛羅：還能有什麼？

蘇格拉底：正確的奉獻，就是給他們那些從我們這裡需要的東西，因為如果送給一個人他不需要的東西，這說不上是好的送禮技藝。

尤西佛羅：是的，蘇格拉底。

蘇格拉底：那麼，虔誠就是一種神與人之間的交易技巧？

尤西佛羅：是的，是交易，如果你寧願這麼稱呼的話。

蘇格拉底：我並不願這樣叫，除非它是真的。請告訴我，神從我們給他的禮物當中獲得了什麼好處？每個人都知道他們給我們的東西，因為我們的好東西都是神賜予的。然而，他們從我們這裡得到了什麼好處呢？難道我們在交易中占盡了好處，得到了所有好東西，而他們什麼好處都沒有得到？

尤西佛羅：蘇格拉底，為什麼不假設諸神也從我們這裡獲得了很多好處呢？

蘇格拉底：神從我們這裡得到的是什麼禮物呢？

尤西佛羅：還能是什麼，你不認為是榮譽、尊崇，以及我剛才說的喜悅嗎？

蘇格拉底：那麼，尤西佛羅，虔誠就是取悅神靈的東西，而不是對他們有好處的東西或者被神靈認為是可愛的東西？

尤西佛羅：我想被神靈認為可愛的才是最重要的。

蘇格拉底：所以，虔誠就是被神靈認為可愛的。

尤西佛羅：是的。

蘇格拉底：當你這樣說的時候，如果你的論證看起來總是走來走去，而不會保持原狀，你有沒有感到很驚訝？你或許會歸咎於我是那個使它們移動的戴達羅斯，雖然你自己更像是戴達羅斯，在使它們繞著圈子走？你是否意識到我們的論證已經繞了一圈，回到了相同的地方？你一定記得早先的時候，虔誠和神靈喜愛的東西並不是同一個東西，而是互相不同。你記得嗎？

尤西佛羅：我記得。

蘇格拉底：你有沒有意識到你現在說被神喜愛的東西就是虔誠？被神靈認為可愛的東西難道不就是被神喜愛的東西嗎？

尤西佛羅：是的。

蘇格拉底：或者我們早先同意的說法是錯誤的，又或者，如果那時候我們是對的，那麼現在我們就錯了。

尤西佛羅：看起來是的。

蘇格拉底：所以我們必須從頭開始研究虔誠到底是什麼了，如果我不想在學到之前就放棄的話。不要鄙視我，請提起興致來，想方設法把真理告訴我。因為你知道這個真理，而如果有人能做到的話，我是不會放他走的，就像對待普羅托斯⑭，現在我不應放你走，直到你說出來。如果你對虔誠、不虔誠都沒有清楚的認知，你就不會因你年老的父親殺了一個雇工而控告他。你那樣做是因為你害怕自己做錯了而惹神靈生氣，你也害怕在人們面前丟臉。現在我可以確定你認為自己知道虔誠是什麼、不虔誠是什麼。所以，請告訴我，好人尤西佛羅，不要隱藏你的思想。

⑭普羅托斯，Proteus，古希臘神話中的一位神靈。

尤西佛羅：下次吧，蘇格拉底。現在我們很忙，是時候走了。

蘇格拉底：要忙什麼呢，我的朋友！你這一走，我的滿心希望就要落空了。我滿懷熱情想跟你學習虔誠是什麼、不虔誠是什麼。那樣我就能擺脫梅勒圖斯的控告，告訴他我已經從我的導師尤西佛羅那裡學到了關於神聖的知識，再也不會因為我們無知而發表那些對事物的看法了，而我在我的餘生當中也會過得更好。

CHAPTER 2第二篇：申辯篇

這篇對活紀錄了蘇格拉底在法庭上　自己辯護的過程。蘇格拉底並沒有為了得到釋放或者減輕懲罰而不擇手段，從其言行表現來看，他向雅典人清楚地展現了自己的生活方式以及平生的志向，並用留個機會勸告雅典人：「你們一心只想聚斂錢財、追求名譽，或從不關心真理、追求智慧，不關心如何使自己的靈魂得到完善，你們難到不感到羞愧嗎？」

雅典人啊，不知道你們是什麼感受。在聽了原告的控訴後，我都不知道該說些什麼了。他們雄辯的語言使我都差點忘記了自己是誰，儘管這些話甚至都沒有一句是真的。而這些謊言中最讓我吃驚的是：他們說你們要警惕我說的話，以免被我這樣的雄辯家矇騙了。他們應該為這樣的話感到臉紅，就不怕輪到我開口時謊言馬上就會被揭穿？大家會看到我並不是那樣的人。當然，如果雄辯家的意思是講真話的人，那我就真是一位雄辯家—但絕不是他們那種。我跟他們不同，他們很難說出一句真話，但你們從我口中聽到的則會全部是真的。他們說的話都經過了精心的編排，我則是臨場發揮，直截了當地說出心中所想，把我認為正確的話語及其證明告訴你們。

在你們面前，像我這樣年老的人做講演，再表現得跟年輕的講演者一樣是不大合適的。所以，如果你們看到我在申辯中的說話方式，跟我往常在市場上、錢莊裡或在別的什麼地方慣用的方式一樣，請不要驚訝，我也懇請你們不要打斷我。我已經七十多歲了，還是第一次來法庭，對這裡的講話方式感到陌生。如果我是一個外鄉人，你們一定會體諒我用著我自己慣用的口音和方式說話。現在，我請你們接受這個正當的請求：不要介意我的說話方式是好是壞，而只關心我說得是否正確、是否公正。因為關心公正是法官們應該做的，就像作為演講者應該

講真話一樣。

首先，我必須對更早些的控告進行回應，再來回應後來的控告。我有很多控告者，早些的控告者們對我的錯誤指控都已經持續了有些年了。我很害怕他們，甚於害怕阿尼圖斯⑮及其夥伴。阿尼圖斯很可怕，但前面那些人更加可怕。你們中的大多數人，在童年的時候就聽過他們的無稽之談。他們在那個時候，就開始教唆你們，就開始了對我的指控。他們跟你們說：有一個人叫蘇格拉底，他非常聰明，不僅研究天上所有的東西，還探索腳底下的地；他會把很糟糕的論證變得強有力。先生們，這些傳播謠言的人才是我最危險的控告者，因為他們的聽眾傾向於想像這類研究者不信神。而且，這樣的控告者不僅數量很多，針對我的指控也開始得很早。在你們很容易受到影響的童年、少年時期，他們就已經去跟你們說那些話，就已經輕鬆地贏得了這場官司了，因為那時根本就沒有人為我辯護。

更荒唐的是，我連這些控告者的名字都說不出來，除了一位喜劇作家。這些人惡意地用謠言說服你們，而被說服的人又去說服別人相信那些謠言，所有這些

⑮阿尼圖斯，Anytus，蘇格拉底的控告者之一。

人都是最難對付的。這些人，都無法將其中一位帶到法庭上來讓我跟他對質，因而我不得不像是在跟影子做鬥爭、做辯護，不會得到回應。我希望你們能意識到我的控告者有兩類：那些最近控告我的人；還有那些老早就傳播謠言的人。我想我必須首先回應後者來為自己辯護，因為你們首先聽到的就是他們的控告，何況這些控告更加兇狠。

好了，雅典人，我現在必須為自己辯護了。要在這麼短暫的時間裡消除在你們心中存留已久對我的誹謗，但願我能夠做到，因為那樣無論對你們，還是對我而言都是很好的。我的辯護或許會成功，但我想這將會非常困難，而我也完全意識到這困難來自哪裡。儘管如此，讓神的意願決定結果怎樣吧，現在就讓我根據法律來進行我的辯護。

讓我們從頭開始說起吧。到底是什麼東西引起了人們對我的誹謗，使得梅勒圖斯信以為真而來控告我？當他們誹謗我時，到底誹謗我什麼？我必須看看他們的訴狀，就如同他們真正是我的原告一樣。如果有那麼一個訴狀，我想會是這樣：「蘇格拉底因為他的錯誤行為而有罪，他忙碌於研究天上和地下的事物，使糟糕的論證變成強的，還把這些東西教給別人。」你們在阿里斯多芬⑯的喜劇中也能看這些，那裡面的蘇格，說自己能在空中行走，談論一些我們一無所知的稀奇古怪的東西。我並不是說要輕視這樣的知識，如果有人對這些事物很內行的話，也免得梅勒圖斯來指控我。但先生們，我與這些事情是完全無關的，這點我請你們都給我作證。你們所有人中很多人都聽過我的談話，我想請你們互相交流一下，看看是否曾聽過我談論這類事物，即使談論過一點點也算。你們議論了之後，就會知道其他一些對我的誹謗也是同樣無根無據的。

[16]阿里斯多芬，Aristophanes，古希臘作家。

這些傳言沒有一個是真的。如果聽到誰說我教導別人，還收取費用的話，這也不是真的。儘管我也認為能夠教導別人是一件好事，就像林迪尼[17]的高爾吉亞[18]、塞奧斯[19]的普羅迪克[20]、艾理斯[21]的希比亞[22]那樣。這些人能到各個城邦去勸說年輕人拜在自己的門下，並收取學費。年輕人本能夠免費地向本邦公民學習，卻因此而放棄了機會，還要對這些導師們感恩戴德。近來，我瞭解到在我們這裡有一個從帕羅斯[23]來的智者。恰巧我也碰到一個人，凱里亞[24]—希波尼庫[25]的兒子，他花在這個智者身上的錢比其他人花費的總和還要多。我問他：「凱里亞，如果你的兩個兒子是小馬或者小牛，我們會給他們請來一個看護照料人，使他們擅長的能力發揮出來。這個看護照料人就是動物飼養員或者農夫。但現在他們是兩個人，在你的想法中該找什麼人來照料呢？誰有那樣的知識能夠使人的才能發揮出來呢？我覺得你已經考慮過這些問題了，因為你自己有兒子。是否有那種人存在呢？」

他說：「當然有。」

「誰呢？」我說，「他來自哪裡，要收多少學費？」

「伊文努斯，」他說，「蘇格拉底，他來自帕羅斯，收五個米納㉖。」

⑰林迪尼，Leontini，古希臘在西西里的領地，哲學家高爾吉亞的故鄉。
⑱高爾吉亞，Gorgias，古希臘智者（sophists）。
⑲塞奧斯，Ceos，古希臘地名。
⑳普羅迪克，Prodicus，古希臘智者。
㉑艾理斯，Elis，古希臘地名。
㉒希比亞，Hippias，古希臘智者。
㉓帕羅斯，Paros，古希臘地名。
㉔凱里亞，Callias。

㉕希波尼庫，Hipponicus。
㉖米納，古希臘貨幣單位。

我想，伊文努斯真是一個幸福的人，如果他真的掌握了這種技藝，教導別人時還只收取這麼少的費用。如果我也有這種知識，我會感到很自豪、很滿意，可惜我並沒有，先生們。

你們中可能有人要打斷我說：「蘇格拉底，你的才能是什麼呢？不正是因為這些才能你才會被誹謗嗎？如果你不使自己忙碌得與眾不同，所有這些謠言和議論都不會產生，除非你做了一些與眾不同的事。告訴我們是怎麼回事，這樣我們會更謹慎地對待這個案件。」

這樣的要求是很合理的，我會告訴你們到底什麼東西導致了我的這個名聲和對我的誹謗。聽著，也許你們中有人認為我在開玩笑，但可以肯定的是我所說的那是真的。什麼導致了我的名聲，無非是一種智慧。什麼樣的智慧呢？應該是人類的智慧。也許我真的擁有這種智慧，而我剛才提到的那些人的智慧則是超人類的。我無法解釋那種智慧，因為我不曾擁有它們。那些說我擁有的人是在說謊，是在誹謗我。先生們，請不要打斷我，即使你們覺得我在吹噓，因為這些話並不是我編的，而是有一個權威的來源。我的智慧，究竟是哪一種智慧，我要請德爾菲㉗的神來見證。你們都認識凱勒豐㉘，他是我年輕時的一個朋友，也是你們中很多人的朋友，和你們一起經歷了流放，又一起回來。你們應該知道他是怎樣的人，做任何事都熱情洋溢。他曾去過德爾菲，大膽地求一個神諭─先生們，在我講話的時候，請別打斷我─他問道，世上是否有人比我還要富有智慧，女祭司回答說沒有。凱勒豐現在已經去世了，但他的兄弟可以為這點作證。

㉗德爾菲，Delphi，古希臘著名的神廟。
㉘凱勒豐，Chaerephon。

大家知道我為什麼要說這些嗎？因為我要告訴你們對我的誹謗是怎麼來的。當我聽到凱勒豐的事情之後，我問自己：「神的意思是什麼呢？該怎麼解開這個謎呢？我非常明白自己沒有一點智慧，那說我是最智慧的人到底是什麼意思呢？而神不可能會說謊，他沒有什麼理由那樣做。」有一段很長的時間我都無法捉摸透他的意思，之後我想到了一個研究的方法。我去拜訪一位傳聞很有智慧的人，想著如果可能的話，這樣就能說明神諭有誤，我會說道：「這個人比我更加智慧，而你卻說我是最智慧的。」這個人是誰呢，他是一位政界人士，沒必要在這裡說出他的名字。我的經驗就類似這樣：我覺得在表面上很多人看他會覺得是很有智慧的，尤其是在他自己看起來更是如此，但實際上他沒有。然後我試圖向他表明雖然他自認為很有智慧，但實際上沒有。結果他很憎惡我，旁邊很多人也不喜歡我。所以我在離開的時候想到：「我比這個人有智慧，似乎不是因為我們誰知道些有價值的事情，而是因為他自以為知道些什麼而實際上不知道；而我雖然也不知道那些事情，但我知道自己並不知道。所以，因為這一點點的區別，我似乎比他有智慧。」這之後，我又去接近另外一個人，傳聞他比前面那人更有智慧，但結果並沒有兩樣，就這樣我又被他及許多人憎惡。

之後我又一個接一個地去拜訪其他人。意識到自己被人憎惡，我感到苦惱和恐懼，但是不管怎樣，我想我必須把神的事情當成是最重要的。所以我必須繼續研究神諭的意思，去拜訪那些傳聞中知道一些事情的人。以神的名義，先生們，我必須把真相告訴你們，我發誓這是我的親身經歷：那些最有聲譽的人，在我看來也具有最大的缺點，反倒是那些被認為是低劣的人更加講理。我所有的這些艱辛的勞動，都向我表明了一個真相，那就是神諭並沒有錯。在拜訪了政治家後，我又去尋找詩人—不論他是激情派還是悲情派詩人、戲劇作家，還有其他人，想著會在他們身上發現自己比他們無知。我挑選了自己看來是他們精心製作的最好的詩歌，問他們到底是什麼意思，這樣我就可以跟他們學到一些東西。先生們，我很羞於告訴你們結果如何，但我仍然是要說的。大多數旁觀者似乎能比詩人自己更好地解釋詩歌。我馬上意識到詩人並不是用知識來構築詩歌，而是透過一些天賦和靈感，就像先知和預言家們也會說一些自己都不明白的話；而詩人在我看來，情況是相似的。同時，我明白了，他們因為自己的詩歌而覺得自己在其他方面也很有智慧，而實際上沒有。所以，再一次，我在離開的時候想到：與政治家一樣，我還是在那點上比他們更智慧一點。

最後我又去工匠那裡，因為我覺得自己真的是一無所知，會發現他們懂得很多好東西。這點真的沒錯，他們確實知道我不知道的東西。但雅典人啊，那些優秀的工匠似乎也和詩人一樣有著同一個毛病：他們由於自己成功的手藝，而覺得自己在其他重要事務上也非常有智慧。這個錯誤認知掩蓋了那種智慧。所以我代神諭問自己一個問題，我到底是寧願做我原來的自己，還是寧願同時擁有他們的那種智慧和無知，兩個方面都跟他們那樣。我給自己和神諭的回答是，我最好還是做我原來的自己。

雅典人啊，這番研究導致的結果就是，我變得不受歡迎，被人們敵視，很多

誹謗以及關於我智慧的名聲也從中生起，因為旁人認為我證明了我的談話者是無知的，那我自己一定擁有智慧。但實際上，似乎只有神才有智慧，他透過神諭表達了這樣的意思：人類的智慧價值很小，或根本上沒有什麼價值可言。他並不是真的說蘇格拉底很有智慧，而只是借用我的名字來作為一個例子，就如同他想說：你們人類中最智慧的那個，就像蘇格拉底，明白自己的智慧毫無價值。所以，現在我還在遵循神的旨意，繼續著這個研究。我尋找那些我認為是智慧的人，不管是本邦的公民，還是外鄉人。然後如果我不認為他是智慧的，我就來幫助神表明那個人並沒有智慧。正因為這個事情，我沒有閒暇去從事公共事務，也無法處理好自己的私事，由於服侍神靈而使我生活在極端的貧困當中。

另外，那些富人們的孩子，由於生活閒逸，又喜歡看到別人遭到審查，就過來追隨我，模仿我去審查別人。我想，他們也發現了很多人自認為很有知識，但實際上知道很少甚至一無所知。但那被審查的人會因此感到很生氣，不是對那些年輕人生氣，而是對我生氣。他們說：「蘇格拉底是個禍害，腐蝕年輕人。」如果問他們到底蘇格拉底做了什麼、傳授了什麼來腐蝕青年人，他們又不知道怎麼回事，沒有話說。但他們還不想表現出糊塗的樣子，就隨手用那些指責所有哲學家的說法來說我，如「研究天上的事物和地下的事物」「不信神靈」，還有「使糟糕的論證顯得有力」，等等。我確定他們不樂意說出真相，即自己被證明了自以為有智慧而實際上很無知。

這些人有野心，又暴力，還人數眾多。他們不斷說我的壞話，長久以來，那些看似合理的誹謗充斥著你們的耳朵。這些人當中，梅勒圖斯、阿尼圖斯，還有萊孔開始攻擊我。梅勒圖斯代表了詩人的憤怒，阿尼圖斯代表了工匠和政治家，萊孔則代表了雄辯家。所以，就像我一開始說的，如果我能夠在短時間裡清除掉你們腦中的這麼多誹謗，那就真是令人驚訝了。

雅典人，這就是真相。我沒有絲毫的隱瞞，沒有一點假裝。我深深知道這會使我變得不受歡迎，但我說的是真的。為什麼這麼多人要誹謗我，這就是原因。只要你們去審查，不管是現在還是以後，都會發現確實如此。

我針對很早之前的一些誹謗者進行的辯護就到此為止吧，我想它已經是一個充分的辯護了。但對自認為是好人和愛國者的如梅勒圖斯這些後來的誹謗者，接下來我也會做出辯護。讓我們來概括一下他們的訴狀，就如同他們是另外一批指控者。他們的訴狀是這樣的：蘇格拉底有罪，因為他腐蝕青年人，還不信城邦所信的神靈，而去信一些新的神。這就是他們的指控。讓我們一點一點地來檢驗一下是否真是這麼回事。

他說我因腐蝕青年人而有罪，但雅典人，我說梅勒圖斯才有罪，因為他輕浮地對待如此嚴肅的事情，不負責任地把人們召來法庭，對自己從不關心的事情假裝很熱情的樣子。我會向你們證明確實如此。

梅勒圖斯，請過來告訴我，你是否認為使年輕人變得盡可能好是最重要的事情？

梅勒圖斯：「是的。」

那麼，請告訴各位，誰在使他們變好。你很關心這些事情，所以很明顯你是知道的。你說你已經發現了一個腐蝕他們的人，還把我帶到這裡來指控我。請告訴他們那是誰。你看，梅勒圖斯，現在你沉默了，不知道說些什麼。你看起來不是在羞愧嗎，不正證明了我說的是真的嗎，你確實完全不關心這些事情。告訴我，好人，誰在教導青年人變得更好？

梅勒圖斯：「是法律。」

這不是我想問的。我問你，誰第一個懂得這些法律？

梅勒圖斯：「是這些審判員，蘇格拉底。」

你想表達什麼呢，梅勒圖斯？這些人能夠教育、提升年輕人嗎？

梅勒圖斯：「當然。」

他們全都能，還是只是一部分？

梅勒圖斯：「全部都能。」

赫拉在上，你說得非常好。你提到了很多提升年輕人的人，那麼，這些聽眾怎樣，他們是否提升了年輕人？

梅勒圖斯：「當然。」

議會的成員是否也是那種人？

梅勒圖斯：「議會的成員同樣也是。」

但，梅勒圖斯，公民大會的成員又怎樣呢？他們會腐蝕年輕人呢，還是提升他們？

梅勒圖斯：「提升他們。」

看起來，除了我，所有雅典人都使年輕人變成好人，只有我自己一人腐蝕他們。這就是你的意思嗎？

梅勒圖斯：「這確實就是我的意思。」

你真是讓我進入了不幸的境地。告訴我，對馬來說，情況是怎樣的？在你看來，所有人都對馬有好處，而只有一個人傷害它們？還是說，剛好相反，使它們變好的人只有一個，或者說只有少數，即馴馬人；而大多數人如果要使用馬，或

對馬做什麼，只會傷害馬？梅勒圖斯，是否就是這樣？對馬來說如此，對其他動物也是如此，是嗎？當然是這個樣子的，不管你或阿尼圖斯是否贊同。如果只有一個人傷害年輕人，而所有其他人都使他們變好，那真是一個大好事。但梅勒圖斯，你已經清楚表明了自己從來沒有關心過年輕人，明顯地表現了你對年輕人的漠不關心，你對控告我的那些事根本就毫不在意。

以宙斯之名，梅勒圖斯，告訴我們，一個人是生活在好的公民中更好呢，還是生活在壞的公民中更好？回答我，我的朋友，我問的問題並不難。壞的公民是否總會做一些不利年輕人事，而好的公民使他們變好？

梅勒圖斯：「當然。」

人們是否寧願被同伴傷害，而不願從同伴那裡受益？請回答，我的好朋友，因為法律要求你做出回答。是否有人想受傷害？

梅勒圖斯：「當然沒有。」

你把我拉到這裡來控告我腐蝕年輕人，說我使他們變壞。你認為我是有意的還是無意的？

梅勒圖斯：「有意的。」

這是怎麼了，梅勒圖斯？這個年紀的你難道比這個歲數的我還要有智慧，你能分辨壞人總是做些對鄰人不利的事，好人做些對鄰人有益的事，而我卻糊塗得意識不到如果我使鄰人變壞，自己也會有被他們傷害的危險？我仍然會像你說得那樣有意去傷害鄰人？梅勒圖斯，我不相信你，我覺得其他人也一樣不相信。要麼我沒有腐蝕年輕人；要麼如果我曾腐蝕青年，但不是有意的。不管是哪種情況，都跟你說得不合。如果我並非有意腐蝕他們，法律不需要你為了這種並非故意而做錯的事就把人們召來法庭，你該做的是私下抓住他們、教導他們、勸告他們。因為很清楚，如果我學得更好，我會停止自己無意中做的那些事情。然而，你不想與我為伴，不想教導我，而是把我帶到這裡。這個地方，應該把受懲罰的人帶來，而不是把應受教導的人帶來。

這些已經足夠了，雅典人，足夠說明梅勒圖斯從來沒有或極少關心這些事情。不管如何，梅勒圖斯，你告訴我們，我到底是怎樣腐化年輕人的？還是說，很明顯，根據你的指控，我教導他們不相信公民們相信的神靈，而去相信新的神靈？這就是你所說的我教導並腐蝕年輕人，是嗎？

梅勒圖斯：「這正是我的意思。」

以我們正在談論的神的名義，梅勒圖斯，請向我和大家說得更清楚一些。我不明白你是說我教導年輕人相信一些神靈，且我自己也相信那些神，因而我有罪，並不是因為我是一個無神論者；你對我的指控是我教導年輕人不相信城邦信奉的神，而相信其他的神。還是說，你的意思是我完全不相信神靈，且我也這樣教導別人。

梅勒圖斯：「你完全不相信神靈，這就是我的意思。」

梅勒圖斯，你真奇怪。為什麼你這麼說呢？難道我不是也跟別人一樣，把太陽和月亮都當作神靈嗎？

梅勒圖斯：「以宙斯的名義，他確實沒有，審判官們，因為他說太陽是石頭，月亮是土塊。」

親愛的梅勒圖斯，你認為你在控告安那克薩哥拉㉙嗎？你這麼看不起在座的各位先生嗎？認為他們很無知，不知道克拉左門尼人安那克薩哥拉的書中滿是這樣的理論？年輕人最多花一個德拉克馬㉚就能在書店中買到那些書。如果蘇格拉底假裝那些理論是他自己提出的，他們會嘲笑蘇格拉底，尤其是這些理論很不合理。是這樣嗎？以宙斯的名義，你對我是怎麼想的，梅勒圖斯，我不相信任何神靈嗎？

㉙安那克薩哥拉，Anaxagoras，古希臘哲學家。

梅勒圖斯：「這就是我說的，你一點都不相信神靈。」

你說的話一點都不可信，梅勒圖斯，我想即使是你自己都不會相信。雅典人啊，這個人在我看來，非常粗鄙無禮、衝動盲目，是他的粗鄙、衝動製造了這次指控。他似乎是想設一個陷阱來試探我：「這個聰明的蘇格拉底，我的玩笑和自相矛盾看看能否騙到他和其他人。」我認為他的訴狀是自相矛盾的，他好像在說：「蘇格拉底因為不信神而有罪，但是又相信神靈。」可以肯定，這就是他的玩笑的一部分。

先生們，請跟我一道去審查，為什麼他是自相矛盾的。而你，梅勒圖斯，要回答我們的問題。請回憶一下，我在一開始請求過你們，如果我用自己慣用的方式進行辯護，請不要打斷我。

梅勒圖斯，是否有人會相信存在著人類的活動，卻不相信存在著人類？讓他回答吧，不要干擾他。是否有人不相信存在著馬，但相信存在著屬於馬的事情？是否有人不相信存在著吹笛者，而相信存在著吹笛者做的一些事情？不會的，親愛的先生們，不會有人那樣。如果你不想回答，我會來告訴你和各位。請回答下

㉚德拉克馬，Drachma，古希臘貨幣單位。

這個問題，有人會相信存在著精靈的活動，卻不相信存在精靈嗎？

梅勒圖斯：「沒有人。」

多謝你在各位先生的逼迫下，勉強做了回答。現在你說我相信有神靈的事情，並且傳授他們，不管它是舊的，還是新的。那麼，根據你的說法以及你的狀詞，無論怎樣看，我都相信有神靈的事情。如果我相信有超自然活動，我就必然會相信存在超自然物體，是這樣嗎？當然是這樣的。如果你保持沉默，我應該假設你默認了。我們是否相信精靈體要麼是神，要麼是諸神的孩子？是還是否？

梅勒圖斯：「當然是的。」

像你承認的那樣，我相信有精靈，那麼，如果精靈本身是神，這就是我為什麼說你在開玩笑。你說我不相信有神，但相信有精靈。另一方面，如果精靈是諸神的孩子，是諸神與仙女或者其他女性的孩子，那麼，一個人可以相信有諸神的孩子，卻不相信有神靈？這是很荒唐的，就像有人相信馬和驢的孩子存在，叫作騾，卻不相信馬和驢的存在。梅勒圖斯，你控告我，是在測試我們，或者因為你找不到控告我的真正罪狀。你不可能會說服任何有點理智的人去相信有精靈的活動，而不相信有神聖的事物。同樣，也不會有人相信有精靈事物，而不相信有神靈或者英雄。

雅典人，我並沒有梅勒圖斯指控的那些罪行，在我看來已經不需要更多的辯護了，這些就已經足夠。你們知道我早先說的那些話是真的，那就是很多人對我充滿敵意，在心裡懷恨我。這就是引起對我的非難的原因，如果我被定罪的話，原因不是梅勒圖斯或阿尼圖斯，而是人們對我的偏見和怨恨。這種事情已經毀滅了很多好人，而且還會繼續毀滅更多，不必擔心到了我這裡就會停止。

有人或許會說：「蘇格拉底，在做了這些追求之後，現在要面臨著死亡的結果，你不感到羞愧嗎？」對這個問題，我會給他一個合理的回答：「你錯了，先生，如果你認為一個有用的人應該考慮是否會冒生命危險。他對自己的行為只應該考慮做得正確還是錯誤，行為像一個好人還是壞人。」根據你的推論，特洛伊[31]死去的英雄都是蠢蛋了，尤其是特提斯[32]的兒子。與受到侮辱相比，他是如此輕視危險。急不可待地想殺死赫克托耳[33]時，他那位神仙母親告訴他：「我的兒子，如果你想為你的朋友派特羅克洛[34]的死報仇而殺死赫克托耳，你自己也會死去。」她說，「在赫克托耳死後，死亡也會立刻降臨到你的身上。」當他聽到這話後，是如此看輕死亡和危險，更加害怕活得像一個懦弱的人，不能為朋友復仇。他說：「在我向那有罪的人復仇之後，我可以立刻死去。也好過待在這船的旁邊被嘲笑，增加大地的負擔。」你覺得他很看重死亡和危險嗎？

㉛特洛伊，Troy，古希臘城邦。

㉜特提斯，Thetis，古希臘神話中的海洋女神，英雄阿喀琉斯是其兒子。

㉝赫克托耳，Hector，古希臘神話中的英雄，荷馬史詩《特洛伊》中阿喀琉斯的對手。

㉞派特羅克洛，Patroclus，阿喀琉斯的朋友，在特洛伊戰爭中被赫克托耳殺死。

雅典人啊，這就是正確的說法：當一個人處於某個位置時，不管是他自己選擇的，認為最好待在那裡，還是他被同胞們安排的，在我看來，他都必須堅守崗位，面對危險時不顧慮死亡或任何其他東西，也不能受到侮辱。

當年，你們選定的指揮官把我派到波提狄亞、安菲波利斯、戴立昂等地，我跟其他人一樣冒著死亡的危險，堅守在給我安排的地方。現在，神給我一個位置，我深信並理解這點，那就是把我的生命用在哲學上，用來審查我自己和別人。若我因害怕死亡或其他事情而放棄，那就太糟糕了。那確實是一件糟糕的事情，而我也應被帶來這裡接受審判，因為我不相信神靈，違背了神諭，害怕死亡，沒有智慧卻自以為很有智慧。先生們，害怕死亡是什麼東西呢？它只是一種無知而自以為知道、沒有智慧而自以為有智慧。沒人知道死亡是否是人生最大的祝福，然而人們害怕死亡就好像他們知道死亡是最壞的事情似的。把自己不知道的東西當成知道的，這種無知是該受責備的。先生們，也許就是在這點上我跟大多數人不同。如果我宣稱自己在任何事情上比任何人更有智慧，情況就是這樣的：我對冥界的事情沒有什麼滿意的知識，所以我不認為自己有智慧。然而，我也知道，違背比我更好的神或人，這是錯誤的、可恥的。所以我從來不害怕或厭惡那些我不知道是好還是壞的事情，只害怕那些肯定是壞的事情。阿尼圖斯說，要麼就不把我帶來審判，要麼帶我來審判了，就一定要判死刑，因為如果我被宣判無罪，你們的孩子就會踐行蘇格拉底的教導，被完全腐蝕。即使你們沒有被阿尼圖斯的話說服，現在就把我釋放了，要是你們對我這樣說：「蘇格拉底，我們現在不相信阿尼圖斯了。我們釋放你，但有一個條件，那就是你不再繼續你的研究，不再踐行哲學。如果你被發現還在繼續那樣做，就會死亡。」

如果你們要以這樣的條件釋放我，我會跟你們講：「雅典人啊，我感謝你們，還是你們的朋友，但我更要聽從神的話，而不是聽你們的。只要我還能呼吸，還能活動，我就不能停止踐行哲學，就不能不去勸告你們，向我遇到的每個人用我慣用的方式講：『雅典人啊，以偉大、智慧和力量聞名於世的偉大雅典城邦中的公民，你們一心只想著聚斂錢財、追求名譽，卻從不關心真理、追求智慧，不關心如何使自己的靈魂得到完善，你們難道不感到羞愧嗎？』」

如果你們誰爭辯說自己關心，我不會馬上讓他走開，而要追著提問他、審查他、測試他；若是發現他並不具有自以為具有的美德，我會責備他，因為他對最重要的事情如此不看重，而對不重要的東西如此看重。我會對遇到的每個人進行審查，不管是年輕人還是老年人，不管是雅典人還是外鄉人，尤其是對你們，因為你們跟我更為親近。可以肯定，這是神指示我去做的事情。我想，對城邦而言，沒有比我對神的服務更好的事情了。我到處奔波，沒有其他目的，只是為了說服你們，不管是年輕人還是老年人，都不要把關心身體、關心財富放在關心靈魂的完善前面。我跟你們講，美德並不來自於金錢，而是金錢還有其他好東西都產生自美德，不管是對個人而言，還是對城邦而言都是如此。如果我談論這些事情會腐蝕年輕人，那這些事情一定是有害的；但如果有人宣稱我說的東西不止這些，他就一定搞錯了。所以，雅典人，我跟你們講，不管你們是否照阿尼圖斯說的去做，是否釋放我，你們都知道我是不會改變自己的作風的，即使讓我反覆受死也不改初衷。

請不要打斷我，先生們，再堅持接受我的請求，不要喧嘩，聽我說。我相信你們會從這番話中受益。現在我要繼續說些事情，你們聽到後恐怕會大聲叫喊，但請不要那樣做。因為，如果我就是自己所說的那種人，你們殺了我，則對你們自己的傷害比對我的傷害還要大。不管是梅勒圖斯，還是阿尼圖斯，都不能傷害到我，因為我相信神不會樂意好人被壞人傷害。他或許會殺了我，也可能會流放我、剝奪我的公民權，他或許會認為這對我會是一個巨大的傷害，別人也會這麼想，但我不這麼覺得。我相信他現在做的事情，這種不正義地殺害一個人，對他自己的傷害更大。所以，雅典人，我並不是為了自己而做辯護，你們可以想像，我是在為了你們而辯護，是為了阻止你們錯誤地給我定罪，阻止你們錯誤地對待神賜給你們的禮物。因為如果你們判我死刑，你們很難找到一個像我這樣的人了。打個好笑的比喻吧，我被神叫到城邦來，就如同牛虻附在一頭又大又高貴的馬上，它由於過於巨大而慵懶，需要被叮咬刺激才能煥發活力。我相信神把我放在城邦中，就是讓我到處走動，去勸誡、刺激、責備你們中的每一個人，不管你們走到哪裡，都整天跟著你們。

先生們，要再遇到這樣一個人是不容易的。如果你們相信我，就讓我留在世間。但你們也許會對我很生氣，就像人們從瞌睡中驚醒，向我揮來巴掌。如果你們被阿尼圖斯說服了，你們就會輕易地殺死我，然後你們就可以在餘生當中昏頭大睡，除非由於神對你們關照，再送來另外一個叮咬你們的人。我是神賜予城邦

的禮物，你們是能明白這點的，因為我忽視了自己的事情，這些年來對私事毫不關心，而總是忙於你們的利益，像一個父親或者兄長那樣勸導你們每個人關心美德。如果我從這種行為中得到過什麼利益，從這些勸導中獲得過任何報酬，那我就有其他目的。但現在，你們自己也看到了，我的指控者雖然無恥地控告了我很多事情，也沒可能厚著臉皮說我曾經收取過或要求過任何報酬。另一方面，我有一個有力的證據表明我說的是真的，那就是我的貧困。

也許看起來很奇怪，我到處私下去給人們提建議，干涉別人的事情，卻不敢到聚會上去給城邦提建議。為什麼如此，你們在很多地方已經聽到過理由了。那就是總有一種神聖的東西和精靈向我走近，就是梅勒圖斯在指控中嘲笑的那個東西。這種聲音從我童年的時候就開始出現了，當它到來時，總是使我從我正在做的事情當中後退，而不是鼓勵我前進。就是這個東西阻止我參與公共事務。我也覺得這種阻止是非常正確的。雅典人啊，因為如果我很早以前就參與政治，我也早就已經死了很久了，這對你我都沒有好處。不要因為我講真話而生氣。在這城邦中，一個人如果真誠反對你們或其他群眾，阻止不正義、不法之事發生，那他是存活不下來的。一個真正為正義做鬥爭的人，如果他不想生命很快結束，他就應該過很私人的生活，而不是從事公共事務。

我該對此給些強有力的證明，不是用詞語，而是用你們看重的行動。仔細聽聽發生在我身上的事情，你們就會知道我從沒向任何人屈服過，從未由於怕死而違背正義，即使在不屈服就會死去的情況下。我將要講的事情是很普通的，就是你們平常在法庭上聽到的那類，但它們是真實的。除了曾作為一位議會成員外，我從未在城邦中擔任過任何職務。而那一次，恰好碰上我所屬的安提俄刻斯族當主席。那時，你們想集體審判十將軍未收回海戰中死去的士兵遺體的案子。這個審判是非法的，你們後來也同意這點。當時主席團中只有我一個人反對任何違背法律的事情，以致演說家們準備指控、逮捕我，你們也叫喊著讓他們那樣做。但我想，當你們想做一個不義的決定時，我應該不怕入獄或者死亡，冒險維護法律和正義甚於跟你們保持一致。

這件事發生的時候，城邦還處於民主政治的時期，但接著就建立了寡頭政治。三十巨頭把我和另外四人召到圓形大廳，命令我們把薩拉米的勒翁捉來處死。他們也給很多人下了類似的命令，因為他們想把盡可能多的人判罪誅殺。然而這時，我又再次以行動而不是用語言表明我一點都不害怕死亡。如果這樣的說法太粗陋的話，我是說我唯一看重的東西就是不要做任何不正義或不虔誠的事情。政府雖然掌握著權力，但它沒有脅迫我去做任何不義的事。當我們離開大廳

後，其餘四人都去薩拉米捉拿勒翁，而我卻回家了。如果那個政府不是很快倒臺的話，我或許早就被處死了。對這件事，有很多人可以作證。

如果我熱心於參與公共事務，總是像好人那樣行動，維護正義，把這當成最重要的事，你們覺得我還能活到現在嗎？一定不能，對任何人都是這樣。我整個一生當中，不管是在私事上，還是在公事上，我都和現在一樣，從沒有同意任何人做不正義的事情，即使是我的誹謗者口中說的我的學生。我從來都不是任何人的老師，如果有人想聽我怎樣談論、怎樣追求我的目標，不管是年輕人，還是老年人，我從沒有拒絕他們。不管有沒有收到報酬，我對富人窮人都一樣對待。我向他們提問，如果他們想回答我的問題、聽我說話。公平地講，我不應為這些人是好是壞負責，因為我從沒承諾教給他們任何東西，從沒有教過他們任何東西。如果有人說從這裡學了什麼東西，或者從我這裡私下聽到了別人沒有聽到的東西，那他一定說錯了。

但為什麼這麼多人喜歡跟我待在一起呢？你們已經聽過原因了，雅典人，我跟你們講的全是真的。那就是因為他們喜歡聽到那些自以為有智慧而實際上沒有智慧的人被盤問，那樣很有趣味。但我相信，我是按著神的命令去這樣做的。神透過神諭、夢境以及其他顯示神聖命令的方式將命令傳達給我。這是真的，雅典人，也很容易得到證實。

如果我在腐蝕一些年輕人，而且已經腐蝕了另外一些年輕人，其中一些被我腐蝕過的年輕人肯定也已經長大了。如果他們分辨出我曾經在其年輕的時候給了糟糕的建議，他們一定會站上前來指控我。倘若他們自己不想這樣做，他們的一些親屬—父親、兄弟或其他家屬—現在一定能想起來，如果其親屬曾經被我傷害的話。現在我看到這些人中很多人都在這裡。首先是克里托在這裡。他跟我一樣年紀，也是跟我同一個鄉的人，是克里托布魯的父親。克里托布魯現在也在現場。然後是斯菲圖斯㉟的呂珊尼亞斯㊱，他是埃斯吉尼的父親；凱斐索㊲的安提豐㊳也在，他是俄匹吉尼㊴的父親。還有一些人的兄弟也參與了我的談話，賽奧左提德的兒子尼克斯特拉圖，他是賽奧多圖的兄弟。賽奧多圖已經死了，不能再出來講話；還有德摩多庫斯㊵的兒子帕拉留斯㊶，他是賽亞吉斯㊷的兄弟。還有阿里斯通㊸的兒子阿迪曼圖㊹，他的兄弟柏拉圖現在也在場；還有埃安托多魯㊺和他的兄弟阿波羅多魯斯㊻。

㉟斯菲圖斯，Sphettus，古希臘地名。
㊱呂珊尼亞斯，Lysanias。

㊲凱斐索，Cehisian，古希臘地名。
㊳安提豐，Antifhon。
㊴俄四吉尼，Epigenes。
㊵德摩多庫斯，Demodocus。
㊶帕拉留斯，Paralius。
㊷塞亞吉斯，Theages。
㊸阿里斯通，Ariston。
㊹阿迪曼圖，Adeimantus。
㊺埃安托多魯，Aeantodorus。
㊻阿波羅多魯斯，Apollodorus。

我還能指出其他人來。這些人當中，梅勒圖斯應該要叫上一些作為他的證人。如果他忘記了，那麼讓他現在去做。如果他真有這種證人的話，讓他講出來。但先生們，你們很快會發現事情正好相反，他們都準備好幫助我這個梅勒圖斯和阿尼圖斯所說的腐蝕、傷害他們親屬的人。那些被我腐蝕了的人或許會想幫助我，但是沒有理由。他們的親屬，這些年老的沒有被我腐蝕的人也會幫著我。

這樣，原因就只有一個了，那就是這些親屬知道梅勒圖斯說了謊，而我說的是真的。

好了，先生們，這些話，或許還有更多相似的話，就是我必須在我的辯護中說出的。也許你們當中有人會因此想起自己曾經受審的情景而變得生氣，因為儘管他們的案子比我的小，但他們在法官面前用眼淚祈求原諒，把自己的孩子和其他親屬帶到法庭上博取同情。我不會做那樣的事，儘管我的處境非常危險。也許這些人想到這些，會變得激動，在氣憤當中對我投票。如果你們當中誰打算這麼做—我不確定是否會有，但如果有的話—我想我應該公平地跟他講：我的朋友啊，我也有親屬，就像荷馬㊼說的那樣，「我不是木頭或者石頭生的」，而是人生的，所以也有親屬。雅典人啊，我有三個兒子，一個快要成年了，兩個還是兒童。無論如何，我不會把他們帶來這裡乞求你們釋放我。

為什麼我不這樣做呢？不是因為我自負，先生們，也不是因為我對你們不尊重。我是否能勇敢地面對死亡是另外一回事，問題只在於我的榮譽，以及你們還

㊼荷馬：《奧德賽》，第十九章，第 163 行。

有整個城邦的榮譽。我想，尤其是從我的年齡和榮譽方面來考慮，做那種事是不對的，不管我的名聲是否名副其實，因為至少大家都認為蘇格拉底在某些方面超過了平常人。如果你們中誰被認為是比常人更有智慧、更有勇氣，或者在其他美德上超過常人，若是他還去做那些事，那他應感到可恥。

我經常看到有些很有聲望的人，在面臨審判時做出奇怪的行為，就如同他們認為死亡是非常糟糕的事情，而如果不被處死就會不朽。我想這些人給城邦帶來了恥辱。因為他們會讓外鄉人覺得，這些有超過常人美德的雅典人，被選舉為城邦的官員，獲得了許多榮譽，但他們並不比女人好多少。雅典人啊，只要我們還有一點榮譽感，就不能做這樣的事；而如果我們要做，你們就一定要進行阻止。你們一定要清楚，對那些在法庭上裝作可憐兮兮，並給城邦帶來恥辱的人，更要準備好給他們定罪，甚於給那些沉默的人。

先生們，除了榮譽的問題，我還認為向法官求情，透過乞憐而得到釋放是不對的。我們應該用論證去說服他們。因為法官不能把正義當恩惠施與。他們的誓言也要求他們不能夠根據自己的偏好來斷案，而應該根據法律。我們不能讓你們養成違背誓言的習慣，你們自己也不能這樣做。那對我們而言是不虔誠的行為。所以，先生們，不要想著我會在你們面前表現出我自己認為的那種不好的、不正確的、不虔誠的行為，尤其是在梅勒圖斯告我不虔誠，把我帶到法庭上的時候。因為很明顯，如果我要說服你們、懇求你們打破你們的誓言，我就要教導你們不相信神的存在，我的辯護也將說服我自己不相信他們。但事實並非如此，因為雅典人啊，我相信神靈，比我的指控者們更加堅信。就讓你們和神靈來審判我吧，這對你我而言都是最好的。

現在開始表決，梅勒圖斯要求判死刑。表決結果是蘇格拉底被判有罪。

雅典人啊，你們判我有罪，我並不生氣，我有很多不生氣的理由，何況這樣的結果也是我預料當中的。令我感到吃驚的是各方的票數，沒想到多數票只多出了那麼一點，而不是多很多。看起來，只需要改變三十張票，我就可以被無罪釋放了。我想，就梅勒圖斯的指控而言，我已經被宣告無罪了；不僅如此，如果阿尼圖斯和萊肯沒有控告我的話，梅勒圖斯將會為他沒能獲得五分之一的票數而繳納一千德拉克馬罰款。

他想給我判死刑。那好的，先生們，我該向你們建議什麼樣的選擇呢？很顯然，那正是我應得的，因為在我這一生當中，從來沒有停止奔波，而忽視了大多數人所關心的東西－錢財、家庭，出任將軍、公眾演說家以及其他官職，加入城邦中的任何黨派。我想自己太過於正直，以致如果不遠離那些東西，將很難活到現在。如果我纏上那些東西，對你我都沒有好處，所以我私下靠近你們每一個公民，獻給你們最大的好處。我試著說服你們不要只關心那些屬於你們的東西，更應該關心你們自己，關心自己在善和智慧方面的完善；不要只關心屬於城邦的那些東西，更要關心城邦本身。對其他東西，我也以相同的方式勸告你們。對於我這樣的人，應該得到什麼呢？雅典人啊，如果說根據我的功過我必須得到什麼相配的東西的話，我應該得到一些好處。一個需要有閒暇敦促你們，對你們有恩的窮人，什麼東西最適合他呢？先生們，沒有什麼比請他在政府大廳用餐更合適的了。比起那些在奧林匹克運動會上駕兩匹馬或四匹馬競賽的勝利者，我更配得上在那裡用餐。因為他們只是使你們覺得自己快樂，而我使你們真正快樂。另外，他們不需要食物，而我需要。所以，根據我應得的，我要給出的建議就是：在政府大廳免費用餐。

也許你們會認為我說的這些話就如同我之前談到關於悲歎、哀求的話一樣，只是在驕傲自大。雅典人啊，並非如此，還不如說是這樣：我覺得自己從沒有過害人的想法，然而，我無法說服你們相信這點，因為我們談話的時間太少了。如果像其他國家那樣，有一條法律規定重大案件不能在一天判決，而應持續好幾天，你們將會被說服。但現在，很難在這麼短的時間裡消除你們的偏見。

我相信自己從沒有害過人，所以，我肯定不會害自己，說自己應該遭遇什麼壞的事情，或者提出任何懲罰自己的建議。我為什麼要建議懲罰自己！是因為害怕梅勒圖斯提出的那種懲罰嗎？這懲罰，我還說過都不知道是好事還是壞事呢！我該選擇一項懲罰來替代梅勒圖斯建議的懲罰嗎？例如監禁？我為什麼要進監獄，去做那些獄卒的奴隸！我該建議先監禁，直到還完罰款為止？但這也跟我剛才講過的沒有兩樣，因為我根本就沒有錢。流放？你們或許會接受這個選擇。

就連我的同胞都無法忍受我的言談，厭惡它們，想清除它們，難道其他人就能夠忍受它們嗎？如果我連這個都看出不來，那我就真是被對生命的貪戀蒙蔽了理智。雅典人啊，他們一樣不能忍受。在我這樣的年紀，如果總是被從一個城邦趕到另一個城邦，這樣的生活也不錯。因為我知道不管我走到哪裡，年輕人都會像在這裡一樣聽我的談話。如果我趕走他們，他們就會叫長輩把我趕走；如果我不趕走他們，他們的父親和親屬也會為了這些年輕人而把我趕走。

也許有人會說：蘇格拉底，在離開我們之後，你就不能不再執著於言談，安安靜靜地生活嗎？要使你們相信我的解釋，真的非常困難。如果我說那樣的行為就是在違背神靈，所以我不能閉上嘴巴，你們會覺得我在開玩笑，不相信我的話。而如果我說對一個人而言，最好的事就是每天談論美德，談論那些你們早已聽過的我用以省察我自己和別人的那些話題，因為未經省察的生活是不值得過的，你們更加不會相信我。

我說的是真的，先生們，雖然很難說服你們。此外，我不習慣認為自己應當受到懲罰。如果我有錢，我會提議繳納一筆我能承受得起的罰款，因為那樣對我並沒什麼損害。但事實是，我沒錢，除非你們要我上繳的罰款是我能支付得起的。或許我能付得起一米納銀子。所以，我提議罰款的金額為一米納銀子。不過，先生們，柏拉圖在這裡，還有克里托、克里托布魯斯和阿波羅多魯斯。他們要我提議三十米納，會擔保上繳那筆錢。好了，我的提議就是繳納三十米納，而這些人會為我擔保繳納。

法庭現在開始再次投票，投票結果是判蘇格拉底死刑。

雅典人啊，不用多久，那些想誹謗城邦的人就會罵你們，責怪你們殺害了一個智慧的人—蘇格拉底。那些想責罵你們的人會說我是智慧的，儘管我沒有。只需稍等片刻，你們的願望很自然地就會實現，因為你們也看到我已經一大把年紀了，已經活了很久，很接近死亡了。我這些話不是對你們所有人說的，而只是對那些投票判我死刑的人說的。對這些人，我還要說：也許你認為我被判刑是因為我拙於言辭，沒能很好地說服你們釋放我。我的意思是，如果當時我認為為了得到釋放而什麼話都可說，什麼事都可做的話，那你們是對的。但事實遠非如此，我確實缺少了一樣東西，但不是缺少辯論才能，而是缺少厚顏無恥，沒有說那些你們喜歡聽的話。你們希望聽到我哭泣、哀求，說一些不配我去說的話，做一些不配我去做的事—這些事情你們已經習慣了從別人那裡聽到。我不認為身處危險當中就應該去做那些不配自由人做的事，我並不後悔自己做了那樣的辯護。我寧願在做了那樣的辯護之後接著死去，也不願意換另一種辯護而得以偷生。不管是在法庭上，還是在戰場上，你我都不應該只為了逃生就覺得任何事情都可做。在戰場上，常常可以看到一個人為了活命而丟掉手中的武器，向敵人求饒；如果一個人只是考慮如何活命的話，這樣的方法還有很多。先生們，逃避死亡並不難，更加困難的是如何逃避罪惡，因為罪惡跑得比死亡還快。我現在年老體弱，跑得很慢，就被那跑得慢的死亡抓住了；而我的原告，聰明伶俐跑得快，就被那跑得快的罪惡抓住了。我要離開你們了，被你們判了死刑；但他們也被真理判為是罪惡和不正義的。所以，我接受對我的判決，他們也接受對他們的判決。或許這結果是相當好的，對他們而言也一樣。

現在，我想對那些判我有罪的人做一個預言，因為我正處在一個人最擅長做預言的時刻—將死的時刻。我要向那些投票判我死刑的人說，在我死後，懲罰會立刻找上你們，而且這種懲罰比你們判我的死刑還要重得多。你們覺得把我處死就能迴避對自己的生活做個解釋，但我要說你們會發現事情會正好相反。那些逼迫你們對此給出解釋的人將會比在這裡的人還要多。你們不知道，我一直都在阻攔著他們。他們更加年輕，因而會更加嚴厲，而你們也會因此更加懊惱。如果你們認為處死一個人就能阻止對自己不正義行為的指責，那你們就弄錯了。這樣的逃避方式既不可能，也不光彩。最好的、最簡單的方式不是去制止別人，而是使自己盡可能變好。這就是在我離開的時候對你們這些判我有罪的人的預言。

趁著這時候，官員們還在忙，而我還沒有走到死亡的地方，我很樂意跟那些投票贊同釋放我的人談談一件事。所以，先生們，再等我一會兒，現在還有一點時間，沒有理由阻止我們交流一下想法。對你們，我的朋友，我想向你們揭示那件事的含義。法官們—我應該恰當地把你們稱為「法官」—一件很驚奇的事情發生在我身上。在以前，有一個精靈總是對我講話，在我要去做錯事的時候，出來反對我，即使是非常小的事情也不放過。但現在，你們自己也看到了，人們一般會把我現在的處境當成是最糟糕的；然而，不管是我在黎明時分離家時，還是當我來到法庭時，抑或是在我發言時，那個精靈都沒來阻攔我。若是在其他時候，它會在我的很多談話中間進行阻攔，而現在，在這件事上，它對我說的任何話、做的任何事，沒有一點阻攔。這到底是什麼原因呢？讓我來告訴你們：剛才發生在我身上的事情是一件好事，那些相信死亡是糟糕的人肯定弄錯了。我已經對此給出了一個很好的證明，那就是，若我不是將要經歷好事，那個精靈肯定會出來反對我。

我們也可以從另外一個角度來考慮，會發現有很好的理由認為死亡是一件好事。死亡無非意味著以下兩項結果之一：要麼死亡意味著不存在，不再有任何意識；要麼就像人們說的那樣，死亡就是靈魂從一個地方轉移到另一個地方。如果死亡就是沒有意識，就像無夢的睡眠，那麼死亡也是非常棒的。我想，如果有人找出自己無夢睡眠的那夜，跟生命中的其他日夜比較，看看有多少個日夜能比那無夢的夜晚更好、更滿足—我想，不僅平民百姓，就連波斯王都會發現跟那種無夢夜晚一樣舒適的夜晚實在不多。如果死亡就是這個樣子，它就是一件有益的事情—因為永恆的時間也就不過是一夜了。

另一方面，如果死亡就是從一個地方遷移到另外一個地方，且我們聽說的那些傳說是真的，所有死者都在那個地方，那麼，還有什麼比死亡更好的事呢，法官們！那些到達冥界的人，會遠離我們這裡被稱為「法官」的人，而在另一個世界中發現真正的法官，例如米諾斯[48]、拉達曼迪斯[49]、埃阿科斯[50]，還有所有生前堪稱正義的半神。這樣的遷居豈不是非常好的嗎？還有，你們還能跟奧菲斯[51]、穆塞烏斯[52]、荷西俄德[53]及荷馬他們見面，這樣簡直是太美妙了！如果這樣的說法正確的話，讓我死多少次都願意。因為我將發現在那裡的生活非常有趣，會遇到帕拉墨得斯和特拉蒙的兒子埃阿斯，以及其他因不公的審判而喪命的古人，還可以把我的經歷跟他們做一番比較。我想那樣會非常快樂。最重要的是，我還可以把時間用於測試、檢驗那裡的人，去省察他們當中的智慧者以及實際上不智慧卻自以為智慧的人，就像我在這裡做的那樣。

法官們，若是能檢驗曾帶領大軍攻擊特洛伊的將軍，檢驗奧德修斯[54]、西緒福斯[55]，或是檢驗其他傳聞中的人們，你們願意付出什麼樣的代價呢？跟他們談話、交流，檢驗他們，這將會是大到不可測量的幸福！不管怎樣，那裡的人一定不會因為這樣的事而處死一個人。他們在其他方面也比我們這裡的人更加幸福，而且還是不死的，如果傳聞屬實的話。

⑱米諾斯，Minos，古希臘神話中克裡特的國王。
⑲拉達曼迪斯，Rhadamanthus，古希臘神話中冥界三大審判官之一。
⑳埃阿科斯，Aeacus，古希臘神話中宙斯的兒子，以公正著稱。
(51)奧菲斯，Orpheus，古希臘神話中的人物，是位音樂家、詩人、先知。
(52)穆塞烏斯，Musaeus，古希臘傳奇人物，以博學著稱。
(53)荷西俄德，Hesiod，古希臘詩人，以《工作與時日》《神譜》兩書傳世。
(54)奧德修斯，Odysseus，荷馬史詩《奧德賽》中的主人公。
(55)西緒福斯，Sisyphus，古希臘神話中的人物。

法官們，你們一定要對死亡保持美好的希望，在頭腦中牢記這條真理，那就是，一個好人是不可能受到傷害的，不管是活著的時候，還是在死去之後，他的事情不會被神靈忽略。所以，發生在我身上的這件事並非是由於偶然，我很清楚對我而言最好是現在死去，擺脫煩惱。這就是為什麼我的精靈沒有反對我。所以，我確實對那些判我有罪的人沒有怨恨，對我的原告也一樣。當然，當他們控告我、判我有罪時，目的不是讓我去享受死亡的好處，而是想傷害我。就這點而言，他們應該受到譴責。不過我對他們有個請求：先生們，等我的兒子長大後，請你們像我曾經煩擾你們那樣去煩擾他們：如果他們關心金錢或任何其他東西多過關心美德，如果他們一無是處卻自以為是，你們就非難他就像我曾經非難你們那樣—因為他們沒有關心應該關心的東西，自以為了不起而實際上沒什麼價值。如果你們真的這樣做，我和我的兒子就得到了你們公正的對待。

現在已經到了要離開的時候了。我將要去死，而你們會繼續活著，哪一個更好呢？只有神知道。

CHAPTER 3 第三篇：克里托篇

這次對話友發生在蘇格拉底被執行死刑的倒數第三天。克里托在這天早晨來監獄探望蘇格拉底，並勸他越獄逃跑。按克里托的說法，只要蘇格拉底願意，越獄將會很順利，並且蘇格拉底越獄後的生活也還有很多不錯的選擇。但蘇格拉底拒絕了逃跑，因為是否要越獄不能只看越獄後的生活會怎樣，而應該考慮是否應該越獄，考慮越獄這件事是否正確。經這討論，蘇格拉底成功說服了克里托相信遵守法律接受死刑才是正確的做法。

蘇格拉底：克里托，為什麼你來得這麼早？還是說已經不早了？

克里托：確實還很早。

蘇格拉底：有多早？

克里托：就快到黎明了。

蘇格拉底：我感到很奇怪，為什麼看守會讓你進來呢？

克里托：他現在對我是非常友好的，蘇格拉底，因為我常常來這兒，而且還給過他一些東西。

蘇格拉底：你是剛到的呢，還是已經過來一會兒了。

克里托：有一會兒了。

蘇格拉底：那怎麼坐在那裡靜靜地等，而不是馬上把我叫醒。

克里托：宙斯在上，蘇格拉底，我不會那樣做，我只希望自己不要睡不著覺，不要過於悲傷。我早注意到了你睡得這麼香甜，也感到很驚訝。我是故意不叫醒你的，因為那樣你就可以盡可能滿足地度過這些時光。以前我就想過，你的生活過得多麼快樂，尤其是現在，在這樣的不幸面前還能這麼輕鬆。

蘇格拉底：好吧，克里托，在我這樣的年紀，若是面對死亡時還滿腹牢騷，那就說不過去了。

克里托：也有其他人在你這樣的年紀面臨這樣的不幸，但他們的年紀並沒有阻止他們對命運的抱怨。

蘇格拉底：確實如此。為什麼你來得這麼早呢？

克里托：因為我有個壞消息，蘇格拉底。也許在你看來不算壞，但對我以及所有你的朋友而言，實在是難以承受的壞消息。而尤其對我，更是最壞的。

蘇格拉底：那是什麼消息呢？是不是那艘船已經從得洛斯56返回，而當它返回後我就要死去？

克里托：它還沒回來，但就快到了。根據一些在索妮昂57下船的人帶回來的消息，我想它今天就會到了。很顯然，它將在今天到達，而你的生命就要在明天結束了。

蘇格拉底：這樣很好啊，如果神樂意如此，那就讓它來吧。不過，我不認為船今天就能到。

56得洛斯，Delos，古希臘的一座島。

57索妮昂，Sunium，古希臘地名。

克里托：你這樣想的理由是什麼呢？

蘇格拉底：我來告訴你。我必須在船到達的第二天死去，是不是？

克里托：主管這件事的人確實是這麼說的。

蘇格拉底：我之所以認為船今天不會到，而在明天到，是根據我昨夜做的一個夢，那夢剛剛才做完。幸好你當時沒把我叫醒。

克里托：你夢到什麼了？

蘇格拉底：我想那是一個美麗的夢。夢中一個穿著白衣的女人向我走來，她叫醒我，並對我說：「蘇格拉底，你會在第三天到達那富饒的佛提亞[58]。」

克里托：很奇怪的夢，蘇格拉底。

蘇格拉底：克里托，在我看來，它的含義是很清楚的。

克里托：太清楚不過了，我親愛的蘇格拉底，但現在還是聽我講，救救你自己吧。如果你死了，對我而言不僅僅是一次災難，因為我既失去了一位再也遇不到的朋友，而且很多不認識我們的人也會認為若我捨得花錢本來可以救你，但我

---

[58] 弗提亞，Phthia，古希臘神話中的地名。

沒有那麼做。還有比重錢財而輕朋友更壞的名聲嗎？大多數人不會相信我們曾經努力地幫助你離開監獄，而你自己不願意走。

蘇格拉底：我親愛的克里托，為什麼我們要那麼在乎大多數人的看法呢？最有理性的人的意見更加值得參考，他們所相信的事情會是事實。

克里托：但你也看到了，蘇格拉底，一個人同樣應該考慮多數人的意見。你目前的處境就表明了大多數人不僅能做出小的惡事，也能做出大惡的事來，如果一個人在他們中間有壞名聲的話。

蘇格拉底：克里托，我倒希望人們能夠做出最大的惡，這樣他們也能去做最大的善事。那樣是很不錯的。但他們兩者都做不了，因為他們既不能使人變得智慧，也不能使人變得愚蠢，而只是隨意地做事。

克里托：也許你說得對。但請你告訴我，蘇格拉底，你是不是擔心如果我們幫助你逃跑了，我還有你的其他朋友會因被告發而惹麻煩，並因此損失大量財產甚至破產，或者遭受其他懲罰？如果你是擔心這個，那就不要多慮了，因為對我們來說冒這個險是非常正確的，如果有必要，即使要冒再大的風險，我們也要救你。現在請讓我們行動吧。

蘇格拉底：克里托，我確實有這個擔心，但也顧及其他東西。

克里托：請不要擔心這點！有些人是願意放你出去的，實際上我們並不用花多少錢。還有，你也看到這些告密的人是很窮的，用不了多少錢就能讓他們閉嘴。用我的錢就已經足夠了；即使你不願我惹麻煩而不想用我的錢，這裡還有一些外邦人願意花他們的錢。其中一個就是底比斯的西米阿斯，他已經為了救你帶來了大量錢財；塞貝以及其他人也同樣有所準備。所以，聽我說，不要因為擔心這個而放棄自救，也不要顧慮你在法庭說的那些話，說如果自己離開雅典，將不知道自己要做什麼。會有很多地方歡迎你去。如果你想去貼薩利[59]，我有朋友在那裡，他會很賞識你，並能保障你的安全，在貼薩利沒人能傷害得到你。

蘇格拉底，我也不認為你現在做的是對的，當你可以自救時為什麼要放棄生命呢？你對自己這樣做，正中敵人的心意，也正是敵人對你做的事情，即要把你毀滅。此外，我認為你也在放棄你的孩子，你本可以撫養他們長大，教育他們成長，你卻要離開他們、遺棄他們。你就這樣一點也不關心他們的命運，不關心他們未來會遭遇什麼事情？他們可能會像一般孤兒那樣辛酸窮苦。一個人要麼就不

---
[59] 貼薩利，Thessaly，古希臘地名。

要生孩子，要麼就要陪伴他們，直至養育他們長大成人。在我看來，你選擇了一個最懶惰的辦法，但一個人應該選擇作為一個好人和勇敢的人會選擇的道路，尤其是如果那個人一生都在宣揚著關心美德。

我對你的行為感到羞恥，不僅為你，也為我們自己，你的朋友們。恐怕人們會認為你之所以會有這種結果，全是因為我們的怯懦。首先，你本來可以避免進入法庭的；其次是進入法庭後，審判的結果也不必如此荒唐。我們由於怯懦沒有抓住這些機會救你，你也沒救你自己，然而只要我們還有點用，本來是可以做得到的。想想吧，蘇格拉底，不管對你還是對我們，這樣的事情是不僅非常糟糕，而且也令人羞愧的。考慮考慮吧，而我們也沒有時間再考慮了，要趕快做出決定。再也沒有別的機會了，我們必須在今晚行動。如果我們現在還在耽擱，就會太遲了，就再也沒有機會了。我請求你，蘇格拉底，按我說的去做，不要拒絕我。

蘇格拉底：我親愛的克里托，你的熱心非常可貴，如果它的方向正確的話。但若不正確，則它越強烈，我就越難處理了。所以，我們必須弄清一個問題：我們是否應該那樣做。因為我一直都在堅持著在我看來最好的原則，而不是堅持別的什麼東西，即使是現在也不例外。我不能因為現在的遭遇而放棄一貫的原則。在我看來它們是始終如一的，我還像以前那樣重視它們、敬重它們。除非我們現在能給出更好的論證，否則我一定不會向你讓步，即使眾人用比現在更可怕的東西恐嚇我們，例如監禁、死亡、沒收財產等，像用妖精恐嚇小孩。我們怎樣才能最合理地檢驗省察這個主題呢？我們先回到你的觀點上來，再看看當我們總是說應該注意一些意見而不是另外一些意見時，這樣是否正確。那些話在我被判死刑之前說是正確的，而它們在現在就成了胡說了嗎？我希望跟你一起去研究它們，看看我們之前的論證是否在我們當前的處境下就會變得不同，抑或還是一樣的，看看我們是否應該放棄它，還是應該被它指引。那些嚴肅的說話者曾在許多地方說過我剛才說過的話，即人們的一些意見值得高度重視，而另外一些則不必。克里托，你認為這個說法正確嗎？按常理推斷，你應該不會在明天死去，所以現在的處境不會誤導你的判斷。現在，請告訴我，我們不應該重視人們的所有意見，而只應該重視其中一些，不該重視另外一些，不是所有人的意見都該重視，而只是重視其中一些人的？你相信這樣的說法嗎？你是怎麼想的，它是正確的嗎？

克里托：是正確的。

蘇格拉底：一個人應該重視好的意見，而不是壞的？

克里托：是的。

蘇格拉底：好的意見是那些智慧的人的意見，不好的意見則是愚人的意見？

克里托：當然。

蘇格拉底：那麼，你看看這個陳述：一個專業從事身體訓練的運動員，他應該對所有人的讚揚、貶損等意見一視同仁呢，還是只重視那些醫生或者教練的意見？

克里托：應該只關心後者的。

蘇格拉底：所以，他應該只害怕那些人的責備、歡迎那些人的讚揚，而不是對所有人都這樣？

克里托：很明顯。

蘇格拉底：他應該根據那個具有知識的教練的指示去行動、訓練、吃、喝，而不是根據其他人的？

克里托：是這樣的。

蘇格拉底：非常好。如果他不聽那個人的，不關心那個人的意見和讚揚，而是看重大多數沒有知識的人的意見，他會受到傷害嗎？

克里托：當然。

蘇格拉底：那是什麼傷害，傷害了不服從的人的哪個方面、哪個部分？

克里托：很明顯，傷害了他的身體，就是這部分遭受了損害。

蘇格拉底：我們不必再列舉其他方面了，它們也是同一個道理。在行為正義與不正義、可恥與高貴、好與壞這些我們現在正在考慮的事情裡，我們應該贊同多數人的意見，對他們的意見感到恐懼，還是應該贊同那個有知識的人的意見，對這個人應該比對其他人感到更多的羞愧和恐懼？如果我們不聽從他的指示，我們會傷害、損壞我們那個能被正義的行為改善而會被不正義行為所毀滅的部分。是這樣嗎？

克里托：我認為確實是這樣的，蘇格拉底。

蘇格拉底：那麼，如果我們不聽從那有知識的人的意見，毀壞了那個會被正確的行為提升而被糟糕行為損壞的部分，生命還能夠存活嗎？那個被毀壞的部分就是身體，是嗎？

克里托：是的。

蘇格拉底：那麼，當身體被毀壞，處於糟糕的條件下時，生命還能夠活嗎？

克里托：肯定不會。

蘇格拉底：當那個被錯誤傷害，被正確提升的部分毀滅了，生命還能夠存活嗎？還是說，我們中的那一個部分，不管它是什麼，它關乎正義與不正義，不會比身體更加重要？

克里托：當然是的。

蘇格拉底：會更加重要？

克里托：更加重要。

蘇格拉底：那麼，親愛的朋友，我們不應該太過於在乎大多數人對我們是怎麼想的，而應該在乎那些明白正確和錯誤的人是怎麼說的。他說的就是真理。所以，你一開始就錯誤地相信我們應該在乎多數人關於什麼是對與錯、榮譽與健康、好與壞的意見。但，也許可以說，多數人能夠處死我們。

克里托：很明顯，蘇格拉底，這樣說很對。

蘇格拉底：是的。但是，我的朋友，我們的論證仍然和剛才一樣有效。讓我們看看是否贊同這一說法：我們最應該重視的不是活著，而是活得好。

克里托：是的。

蘇格拉底：活得好就是活得正確，是嗎？

克里托：是的。

蘇格拉底：根據我們已經取得的共識，我們下一步必須檢驗一下在雅典人沒釋放我的情況下逃跑到底是正確還是錯誤的。如果它是正確的，我們就要試圖逃跑；如果不正確，我們就要放棄逃跑的念頭。克里托，你提到的那些金錢、名譽、

撫育孩子等事情，這些是多數人的考慮，他們可以在沒有深思熟慮的情況下輕易致人死亡，也能使人復活。但我們是受到原則的約束的，只應該考慮行為是否正確。不管是我們要賄賂和感謝那些想幫我逃跑的人，還是自己逃跑、接受釋放，都要考慮這樣做是否正確。如果表明那樣做是不對的，我們就不應該考慮留在這裡是否會死，是否會遭受任何痛苦，而只應該考慮那樣做是否是錯誤的。

克里托：我想你說的是正確的，蘇格拉底。但我們應該怎麼做？

蘇格拉底：我的好朋友，讓我們一起來研究一下這個問題。如果你對我的話有所反駁，我會認真聽你講。但如果你沒有反駁，我親愛的克里托，那麼就請你不要再重複提什麼我必須要違背雅典人的意願離開這裡。我是很想按你的建議去做的，而不是想反對你。現在來看看我這個研究的開頭是否令你滿意。當我問你問題時，請你以自己認為最好的想法做出回答。

克里托：我會的。

蘇格拉底：無論怎樣，我們是不是都不應該故意做錯誤的事，還是說以某種方式可以做，以另外的方式不可以做？還是像我們之前多次同意的那樣，做錯誤的事情從來都是不好的、不光彩的？還是說我們之前得出的結論在這些天裡全部放棄？我們這些老人之間的嚴肅談論，是不是我們自己都沒意識到並不比兒童好多少？是不是真理就是我們說的那樣，而無論大多數人同意與否？是否我們必須承受比現在承受的更糟糕或更輕的懲罰？是不是錯誤的行為對人而言都是邪惡的、不光彩的？我們同意這點嗎？

克里托：我們同意。

蘇格拉底：那我們無論在什麼情況下都不應該做錯誤的事情了。

克里托：不能。

蘇格拉底：甚至也不能用錯誤的行為去回應錯誤的行為，就如人們所說的，我們絕不能做錯誤的事。

克里托：看起來是的。

蘇格拉底：很好，克里托，一個人能不能傷害別人？

克里托：當然不能，蘇格拉底。

蘇格拉底：那麼，用傷害來對待傷害，像人們說的，這樣的說法是否正確？

克里托：當然不正確。

蘇格拉底：因為傷害別人同樣是錯誤的事情，是嗎？

克里托：是的。

蘇格拉底：那麼，不管一個人怎樣對待我們，我們也絕不能對他做錯誤的事，不能用錯誤的行為來回應錯誤的行為。請注意了，克里托，你贊同了這個觀點，就不能贊同與這個觀點相衝突的觀點。我知道只有少數人會堅持這個觀點，而贊同它與不贊同它的人之間沒有共同的基礎，總會互相瞧不起。所以，請非常小心地考慮一下，你是否跟我一樣同意這個觀點，讓我們把對話建立在這個觀點的基礎上，即做錯誤的事情或者以錯誤來回應錯誤絕對是不正確的，我們不能用邪惡來回應我們所遭受的邪惡。還是說，你並不贊同這點，並沒有在這點上跟我一致。我一直都相信這個觀點，且仍然相信它，如果你相信的是別的主張，那麼現在就告訴我。如果你仍然堅持這個觀點，那麼請聽下一個觀點。

克里托：我仍然贊同這點，所以接著說吧。

蘇格拉底：我要接著說的事情，就是這個問題：一個人對他已經贊同的事情，是該去做呢，還是要去違反它？

克里托：他應該去做它。

蘇格拉底：那麼，考慮一下，如果我們在沒有得到城邦允許的情況下離開這裡，我們是否傷害了不該傷害的人，是否違背了我們已經贊同為真的東西？

克里托：我無法回答你的問題，蘇格拉底，因為我不理解它的意思。

蘇格拉底：這樣考慮一下。如果我打算逃跑，或者透過其他方式離開，法律和城邦就會來到我們跟前問道：「告訴我，蘇格拉底，你到底想幹什麼？你想做的這個行為是在試圖毀滅我們的法律以及整個城邦，你能說不是這樣嗎？還是說，你認為當法庭的判決沒有效力，變得作廢，被私人宣告無效時，城邦還能夠存在，還能夠不垮掉？」對這個問題，以及其他類似的問題，我們該怎樣回答呢？可以說的事情很多，尤其是演講家，會談論要摧毀那使法庭的判決有效的法律。我們是否可以說，我們可以摧毀法律，因為城邦冤枉了我，它的判決是不正確的？是否可以這樣呢？

克里托：宙斯在上，蘇格拉底，我們可以這樣說。

蘇格拉底：如果法律接著說：「那不正是我們之間的協議嗎？蘇格拉底，你不是同意尊重城邦的判決嗎？」

要是我們對這話感到驚訝，它們或許會補充說：「蘇格拉底，不要驚訝我們說的事情，這正是你所習慣的問答方式啊。說吧，什麼導致你對抗我們的法律和城邦，使你想毀滅我們？難道不是我們使你出生的嗎，你的父親和你的母親不是透過我們而結婚，而導致了你的出生嗎？告訴我們，你發現關於婚姻的法律有哪一點不好？」

我會說：「沒什麼不好。」

「那你對關於兒童的撫養和教育的法律又有什麼意見呢？你和其他人都受惠於它們。難道不是這些法律指示你的父親給予你音樂和健身的教育嗎？」

我會說：「是的。」

「很好，那麼，你出生後得到撫養、得到教育，你能說你不是我們的後代和奴隸嗎？你自己是，你的祖先也是。如果確實如此，你認為我們是平等的，以至於我們對你怎樣，你就可以對我們怎樣？你與你的父親之間，權利並不是平等的；如果你有一個主人，你與他之間，也不具有平等的權利使你能夠實施報復。如果他們辱罵你，你不能回罵；如果他們打你，你不能回打；其他事情也是如此。你認為你有權利報復你的城邦及其法律嗎？如果我們決定毀滅你，認為這樣做是正確的，你就可以竭盡所能地毀滅我們嗎？你這個關心美德的人還會說自己這樣做是正確的？你這麼有智慧，難道沒意識到城邦比你的母親、你的父親及所有祖先都更加高貴、更加可敬、更加神聖，比所有神靈和人類都更加榮耀嗎？當它生氣時，你應該對它比對你的父親更加尊敬、更加順從、更加謙遜。你要麼去說服它，要麼按它的命令去做，去默默承受痛苦。如果它讓你去承受，無論是鞭打，還是監禁。如果它指示你去戰鬥，你可能會受傷或被殺死，但你必須服從，因為這樣做是正確的，一定不能放棄、逃跑或者離開崗位。不管是在戰場上、法庭上，抑或是在其他地方，一個人必須服從城邦的命令，要麼說服城邦做正確的事。暴力對抗父母是不虔誠的，何況這樣對待城邦呢！」對這番話我們該怎麼回應呢，克里托，法律說的這番話是正確的呢，還是錯誤的？

克里托：我認為它們是正確的。

蘇格拉底：或許法律會繼續說道：「如果我們說的是正確的，你現在打算對我們做的事情就不對了。因為我們把你帶到這個世界上來，撫養你、教育你，把我們能夠給的好東西都給你和其他公民。即使如此，我們還給了每個雅典人離開的自由。當他長大到能投票的年紀，已經熟悉了城邦的狀況和我們法律，我們宣佈如果他對我們不滿意，他可以帶著自己的財產到他喜歡的地方去。沒有法律會出來妨礙他或者禁止他離開。如果他對我們法律或者城邦不滿意，可以帶著財產去殖民地或者任何其他地方。但是如果你們看到我們如何指導我們的法庭、如何在其他方面管理城邦後，還要留在這裡，就是在事實上跟我們達成了一個協議，即服從我們的指示。我們說那些不服從的人是錯誤的，理由有三個。第一，他違背了使他出生的我們。第二，他違背了養育他長大的我們。第三，在他同意服從我們之後，他既不是服從我們，也沒有說服我們，指出我們的錯誤。我們給了他機會去選擇，而不是粗魯地命令他；但當我們允許他在這兩個選擇中選擇一個時，他既沒有說服我們認識自己的錯誤，也沒有服從我們的決定，他兩者都不做。蘇格拉底，如果你做了你正在打算做的事，你就該受到這些指責，你將是雅典人中最該受罰的人，而不是最不該受罰的。」

如果我說：「怎麼會這樣？」法律也許會恰當地打斷我，說我跟它們的協議比其他雅典人都要確定。它們會說：「蘇格拉底，我們有有力的證據表明你對我們法律和城邦感到滿意。如果城邦不讓你滿意，你就不會比其他雅典人都更經常待在這裡。你甚至從沒有因為要去觀看節日慶典而離開城邦，也沒有因其他理由離開過，除了從軍之外。你也從沒有像其他人那樣離開城邦去旅行，不想瞭解其他城邦的人及法律，而是對我們的城邦和法律感到滿足。你如此決然地選擇了我們，同意成為我們法律之下的一個公民。你在這個城邦裡生養孩子，也說明了你對城邦滿意。此外，在你受審時，如果你樂意，本可以交點罰金而改為驅逐出城邦，在城邦同意的情況下做到你現在要做的事。但你無視了這個機會，說自己寧願去死，也不願被流放。現在你卻不為這些話感到羞愧，也不尊重我們法律，因為你正在試圖摧毀我們，在同意根據我們法律生活的情況下試圖逃跑，這是最卑鄙的奴隸才會做的行為。現在你先回答我們的一個問題，我們說你同意要根據我們法律生活，你並不是透過口頭，而是透過行為同意的。」對這個問題，我們該怎麼說呢，克里托？我們必須同意確實是那樣的嗎？

克里托：我們必須同意，蘇格拉底。

蘇格拉底：法律會說：「你正在打破跟我們的協定，這協定並不是你在被強迫、欺騙或者在短時間內衝動簽下的。在你人生的這七十年光陰裡，如果你認為協議不公平，覺得我們不令你滿意，你本可以離開，但你沒有選擇去你一向說是治理良好的斯巴達⑥⓪或克里特⑥①，也沒去任何其他城邦或者希臘以外的地方。你比瘸子、瞎子或其他殘疾人都更少離開雅典。很明顯你比其他雅典人都更喜愛城邦，對我們法律也同樣如此喜愛，因為一個人怎麼會不喜愛城邦的法律而只喜愛城邦呢？你還要打破我們之間的協議嗎？你不會的，蘇格拉底，如果我們能說服你，你就不會鬧出逃出城邦的笑話來。」

「再想想吧，破壞這個協定、犯這個錯誤會給你自己和你的朋友帶來什麼好處。很明顯，你的朋友會面臨被放逐、被剝奪公民權或者失去財產的危險。而你自己如果去一個鄰近的城邦，例如治理良好的底比斯⑥②或者麥加拉⑥③，將會是作為政府的一個敵人去那裡，所有關心自己城邦的人也都會用懷疑的眼光看你，認為你是一個毀壞法律的人。你的行為也會表明法官對你的判決是正確的，因為一個毀壞法律的人也可以認為是腐蝕年輕人和幼稚者的人。或許你會避開那些治理

良好、公民文明的城邦。如果你這樣做，你的生命還值得延續下去嗎？你跟他們交談時不會感到慚愧嗎？你會跟他們說些什麼呢？跟你在這裡說的一樣的東西嗎？說美德、正義、法律是人們最珍貴的東西？如果你這樣做，蘇格拉底，你難道不覺得很羞愧嗎？一定會的。或許你會離開這些地方，去找克里托在貼薩利的朋友？那裡沒有法紀，或許人們會津津有味地聽你講如何從監獄裡逃跑出來，如何帶上假面具，披上農夫的斗篷或者其他助你逃跑的裝束來改變你的外貌。那裡會有人說你都沒有多少壽命了，還這麼貪生怕死以致違反了最重要的法律嗎？也許不會有人說你，如果你沒有得罪別人；但如果你得罪了別人，就會有很多關於你的不光彩的議論。

「你會活得像是每個人的奴隸，要迎合每個人。在貼薩利除了吃喝你還會幹

---

(60) 斯巴達，Sparta，古希臘地名。
(61) 克里特，Crete，古希臘地名。
(62) 底比斯，Thebes，古希臘地名。
(63) 麥加拉，Megara，古希臘地名。

什麼呢，去貼薩利就像是去赴宴。你那些關於正義及其他美德的談話又去哪裡了呢？你或許會說你想為了孩子而活著，可以撫養他們長大，教育他們。這又怎麼做到呢？你要養育他們，可以把他們帶到貼薩利去，使他們成為異鄉人或者外國人？也許你會把他們留在這裡長大、受教育；可這樣的話，你死掉比活著會有什麼助益呢？是的，你的朋友會照顧他們，但你去貼薩利他們會照顧，而你去死他們就不照顧嗎？如果那些朋友是真正的朋友，我們就應相信不管你去哪兒他們都會照顧你的孩子。

「蘇格拉底，聽聽我們這些養育你長大的法律吧。不要顧慮你的孩子，也不要顧慮生命或其他任何東西，只關心正義。這樣當你到達冥界時，你就可以像在這裡一樣在判官面前為自己進行辯護。而如果你逃跑了，你不會變得更好、更正義、更虔誠，你的任何朋友也同樣如此，在你到達冥界時也一樣。如果你死去，這不是我們法律的錯誤，而是人們的錯誤；而如果你無知羞愧地逃跑，以錯誤來回應錯誤、用傷害來回應傷害，打破你跟我們的協議，那你就傷害了最不該傷害的人—你自己、你的朋友、你的城邦以及我們——我們應該對你憤怒——若你還活著，我們的兄弟，冥界的法律也不會友好地接待你，知道你曾試圖盡己所能地毀滅我們。不要被克里托說服了，聽從我們的建議吧。」

克里托，我親愛的朋友，我彷彿真的聽到了這些話語，就像哥利班[64]聽到長笛的樂曲，這些話語的回音在我耳中環繞，使我不能再聽到別的事情。我的主張已經說出來了，如果你還要勸阻我，是不會有效的；而如果你還有什麼高見，請說出來吧。

克里托：我沒有什麼話可說的，蘇格拉底。

蘇格拉底：那就順其自然吧，克里托，讓我們就這樣做，這也是神給我們指引的道路。

[64]哥利班，Corybant，古希臘神話中的人物。

CHAPTER 4 第四篇：斐多篇

《斐多篇》紀錄的是蘇格拉底生命的最後一天，記錄了蘇格拉底與其朋友們最後的一次談話。談話從哲學家應該如何對待死亡的問題開始，接著展開了對靈魂是否不朽的難題的探對。蘇格拉底關於靈魂不朽的論證佔了較大的篇幅，可以把它們概括為對立物互相轉生論證、學習即回憶論證、無形物不可毀滅論證三個主要論證。

在死亡到來的時刻，蘇格拉底表現得極其坦然與鎮定，因其對死亡的理性思考完全壓過對了為人類對死亡的本能恐懼。這也是本篇對話最觸動人心的地方，作為在場者的斐多甚至說：「當時那種在場的經歷是非常讓人驚奇的。」

埃克格拉底：斐多65，那天蘇格拉底在獄中飲下毒藥，當時你在場嗎？還是說，你只是聽別人談論過那天的事？

斐多：在啊！埃克格拉底，當時我就跟蘇格拉底在一起呢。

埃克格拉底：那他是怎麼樣死的呢？在他生命的最後時光裡，又說過些什麼話？關於這一切，我很希望能夠多瞭解一點。這些天來，幾乎都沒有人從普留66去雅典67，也很久沒有外地人能從雅典帶來一些確切的消息。聽說他是在獄中服毒而死的，除了這一點，我們對任何細節都一概不知。

斐多：審判的事呢？難道就連關於審判過程的一些傳言，你們也都沒聽說過嗎？

埃克格拉底：這個倒有，有人跟我們講了一些審判的事。對蘇格拉底的審判

65 斐多，pheado，蘇格拉底的朋友，蘇格拉底飲下毒藥時在場。

66 普留，Phlius，古希臘城邦名。

67 雅典，Athens，古希臘城邦名，蘇格拉底居住的地方。

老早就完了，卻隔了這麼久才行刑。到底是為什麼呢？我們感到很驚訝。斐多，你能說說原因嗎？

斐多：埃克格拉底啊，那是因為碰上了一個很巧合的事。在審判的前一天，雅典人給駛往得洛斯的那艘船的船尾掛上了花環。

埃克格拉底：船？什麼船？

斐多：雅典人說，當年特修斯帶著七對年輕男女前往克里特⑥⑧，乘的就是那艘船。憑著這艘船，特修斯拯救了他們，也拯救了他自己。據說雅典人曾經對阿波羅起過誓：如果他們得救，將每年派遣一個朝聖團去得洛斯。所以，從那時起，他們便每年進行一次例行的朝聖之旅，並且這個風俗一直保持到了現在。另外，他們認為在朝聖期間必須保持城邦的純淨，還立了一條法律：從朝聖團出發到到達目的地得洛斯，然後返回雅典，在此期間，禁止執行任何死刑。而如果航行期間遇上逆風的話，有時會用上非常長的時間才能完成航行的任務。這一次，阿波羅的祭師給船尾掛上花環的那天，也即起航的那天，正好在蘇格拉底受審的前一天。這就是為什麼蘇格拉底在受審後還要在監獄裡待一段時間之後才被執行死刑。

(68)傳說克里特的國王米諾斯強迫雅典人每年把七個少年和七個少女作為祭品送給怪物米諾陶。直到特修斯殺了米諾陶，並且救了他們。

埃克格拉底：他死亡時的情景是怎樣的呢？斐多，他說了些什麼？做了些什麼？又有哪些朋友跟他在一起？還是說，看守不讓他們接近，以致他離開人世的時候是獨自一人，根本沒有任何朋友在場？

斐多：那個時候，是有朋友在場的，而且還不少。

埃克格拉底：如果你沒有什麼要緊事要去忙的話，請你把知道的情況盡可能完整地告訴我們吧！

斐多：我不忙，有的是時間。就讓我試著告訴你整件事情是怎麼樣的吧！因為無論是我自己開口說，還是聽別人講，回憶蘇格拉底都是最快樂的事，其他任何事情都比不上。

埃克格拉底：你會發現你的聽眾在這一點上跟你是一樣的。所以，斐多，就請你把每個細節都盡可能準確地告訴我們吧。

斐多：我記得當時那種在場的經歷是非常讓人驚奇的。我見證了一個朋友的死亡，卻並沒有為他難過的感受。他的神情舉止、他所說的那些話，都沒有表現出一丁點對死亡的恐懼。面對死亡時，他顯得很安詳高貴，顯得快樂平和。埃克格拉底，這使我覺得他的旅程會得到神的庇佑，即便是去了死亡後的世界，他也會過得非常好—如果曾有任何人在那兒過得不錯的話。這就是為什麼，通常看來在那種情景下是應該感到難過的，當時的我卻沒有感到悲傷。那一天，我們的對話就是平時進行的那種哲學的討論，但我也沒有從中得到平時可從哲學討論中感受到的愉悅。想到他將要死去，我的心裡便有一種混合著快樂和痛苦的奇怪感覺。所有在場的人也都跟我一樣有類似的感受，我們時而放聲大笑，時而擦拭眼淚，尤其是阿波羅多魯(69)—你也知道他是什麼樣的人，對嗎？

埃克格拉底：我當然知道。

斐多：他幾乎都控制不了自己，我和其他人也都非常激動。

埃克格拉底：當時都有誰在場呢，斐多？

斐多：雅典本地人中有阿波羅多魯、克里托布魯(70)和他的父親克里托，還有赫謨吉尼、伊壁吉尼、埃斯吉尼、安提斯泰尼等人，美內克塞努和派阿尼亞的克特西波也在，還有一些其他的人。但柏拉圖沒在，我想是因為他生病了。

埃克格拉底：有外地人嗎？

(69) 阿波羅多魯，Apollodorus，蘇格拉底的朋友。

(70) 克里托（Crito）是克里托布魯（Critobulus）的父親，有一篇以他的名字命名的對話《克里托篇》。在本篇對話提及的蘇格拉底的幾個朋友，同樣在其他對話中提及。赫謨吉尼（Hermogenes）是《克拉底魯篇》（Cratylus）的對話者之一。埃斯吉尼（Epigenes）寫作過蘇格拉底對話。美內克塞努（Menexenus）出現在《呂西斯篇》（Lysis），也有一篇以他的名字命名的對話《美內克塞努篇》。克特西波（Ctesippus）在《呂西斯篇》和《尤息德姆篇》（Euthydemus）都出現過。歐幾里得（Euclides）和特爾西翁（Terpsion）是《泰阿泰德篇》（Theaetetus）引出對話部分的對話者；歐幾里得同樣寫過蘇格拉底對話。西米阿斯（Simmias）和塞貝（Cebes）在《克里托篇》提及。另外還提及了伊壁吉尼（Epigenes）、斐冬德（Phaedondes）、阿里斯提普（Aristippus）和克列奧布羅圖（Cleombrotus）。

斐多：有。有來自底比斯的西米阿斯、塞貝和斐冬德，還有來自麥加拉的歐幾里得和特爾西翁。

埃克格拉底：阿里斯提普和克列奧布羅圖呢？這兩人在嗎？

斐多：這兩人不在，據說他們當時在阿吉納。

埃克格拉底：還有其他人嗎？

斐多：沒有別的人了，我想所有當時在場的人都已提到了。

埃克格拉底：嗯。那你們的對話又是怎麼樣的呢？

斐多：讓我試著把整件事從頭到尾都告訴你吧。那些天，我們像往常一樣拜訪蘇格拉底，跟他受審前似乎沒有什麼不同。每當黎明破曉，我們就聚集在蘇格拉底受審的地方，因為那裡離監獄很近。監獄的門通常不會開得太早，我們就在那一邊談論，一邊等待著開門。當門打開後，我們就進去探望蘇格拉底，與他度過幾乎一整天的時光。蘇格拉底服毒那天，我們去得尤其早，因為就在那前一天的晚上，當我們離開監獄時，聽說去得洛斯的船已經回到雅典了，便約好第二天要盡可能早點來。但第二天早上，到了按往常可以進到監獄去探望的時刻，看守來告訴我們，說還要繼續在外面等，可以進去時會來叫我們。「因為，」看守說，「典獄官正在給蘇格拉底鬆開腳鐐，告訴他今天將會怎樣行刑。」

一會兒過後，他來告訴我們可以進去了。我們進去時，發現蘇格拉底的腳鐐才剛剛解開，在他身邊緊緊挨坐著詹蒂碧—你應該認識她。她懷裡抱著他們的孩子，看到我們後，她哭了起來，抽抽噎噎地說了些女人通常會說的話：「蘇格拉底啊！這是你與你的朋友們最後的一次談話了，不管是你跟他們說，還是他們跟

你說。」蘇格拉底看向克里托，說道：「克里托，叫個人帶她回家吧。」克里托的幾個僕人便來領她出去。她走的時候手掌一直在拍打胸脯，哭天喊地，悲痛萬分。

詹蒂碧走後，蘇格拉底從睡椅上坐起來，把腿彎曲，一邊按摩著它們一邊對我們說：「被人們稱為『快樂』的東西看起來是多麼奇怪；它跟它的對立面之間的關係又是多麼令人驚奇。那個對立面又被叫作『痛苦』的東西。一個人在同一個時刻，不能既是快樂的，又是痛苦的。但當一個人追求其中一個並得到它時，幾乎也擺脫不了另一個。它們就好像是兩個生物，但共用著一個頭。我想如果伊索能想到這個的話，會創作出這樣一個寓言來：神想調解快樂和痛苦這兩個傢伙之間的爭鬥，但沒辦法做到，便把他們的頭捆綁在一起。因此，每當其中一個到來時，另一個也會隨之而至。我的經歷正好就是一個例子，我的腳原先由於被鐐銬鎖著而痛苦，現在卻感覺到了跟在痛苦後面到來的快樂了！」

這時，塞貝插話說：「宙斯在上！我實在太高興了，蘇格拉底，你說到伊索提醒了我。前天伊文努曾問我，實際上之前也有人問過這個問題：是什麼使你在進入監獄後，不僅把伊索的寓言寫成韻文，還寫了讚頌阿波羅的抒情詩。你以前可從沒寫過詩啊！伊文努一定會再問起的，如果你覺得我應該要回答他的話，請你告訴我到時該怎麼回答他。」

「那你就跟他實話實說吧，塞貝。」他說，「我寫詩並不是為了跟伊文努或他的詩爭鋒，因為我知道寫詩對我來說很不容易。我寫詩是為了找出我做的那些夢的確切含義。以前我經常做相同的夢，雖然這些夢有時以不同的形式出現，但始終不變的是都有這麼一句話：『蘇格拉底，練習藝術吧，在藝術的領域耕作吧！』萬一那些夢鞭策我去從事的藝術指的就是寫詩，那麼寫詩也能使我的良心好過一些。以前我猜測那句話的含義是指導和勸告我去做我一直正在做的事，就像鼓勵跑道上的賽跑者，這些夢也鞭策我做著每一件我正在做的事。那些我所謂『正在做的事』也可以叫作『哲學的藝術』，它是最高的藝術，我一直在致力於它。

「在受審後，神的節日推遲了死刑的執行。在這段時間裡，我想到，如果那些重複的夢是在鞭策我去從事大眾的藝術，我不應該違背它，所以就開始寫詩了。若我能在離開這個世界之前就遵照了夢的指示去寫詩，並得到了良心上的滿足，那樣就再好不過了。一開始，我寫詩讚頌近日慶祝的節日裡的神。之後我意識到一個詩人，應該要想像豐富，構思寓言，不能只是論辯；但又因為我缺乏創作故事的才能，便把手頭上的伊索寓言改寫成詩。塞貝，在你替我跟伊文努辭別時，告訴他，如果他是個聰明人的話，就應盡可能快地跟著我來。今天我就要走了，按雅典人的命令，我必須那樣做。」

「蘇格拉底啊，你給了伊文努一個怎樣的建議啊！我見過他很多次了，據我對他的瞭解，他是肯定不願意就這樣緊跟在你後面離開人世的。」西米阿斯說。

「為什麼？」他說，「伊文努不是一個哲學家嗎？」

「我想他是的。」西米阿斯回答。

「那麼，伊文努就會像每一個具有哲學精神的人一樣，會認真考慮那個建議，會願意那樣做的。他也可能會不願意結束自己的生命，不過那只是因為在他們的想法當中，自殺是不對的。」說完這句話，蘇格拉底把腳放在地上，在接下來的談話當中他都保持著這樣的坐姿。

接著塞貝問道：「這是什麼意思呢？蘇格拉底，如果對一個人而言，自殺是不對的—為什麼哲學家就會願意跟隨著一個人去死呢？」

「不會吧，塞貝、西米阿斯，難道你們就沒聽說過這些說法嗎？你們可是都跟菲洛勞斯[71]很熟的啊。」

[71] 菲洛勞斯，Philolaus，古希臘哲學家。

「確實沒聽說過什麼確切的說法。」

「實際上，這些我也是聽別人說的，但我也想跟你們談談這些聽來的說法。像我這樣一個即將前往另一個世界的人，談論、檢驗那些關於離世之旅的看法，或許最合適不過了。況且，從現在到太陽升起的這點時間裡，我還能做什麼事呢。」

「為什麼一個人自殺是不對的呢？不管這種說法有什麼道理，蘇格拉底，我在底比斯的時候倒確實聽菲洛勞斯說過，也聽別的人講過。只是從來沒有聽過任何人對此給出過一個確切的解釋。」

「那我們就盡力試試吧。」他說，「有一天你們會聽到那個確切的解釋的。我想你們都感到奇怪，在所有律法中，只有『不允許自殺』這一條不存在例外，儘管有時對某些人而言死會比活著還要好。或許你們也很奇怪，如果對這些人來說，死比活著還要好的話，那為什麼不容許他親自動手來獲得這個好處，而非要等待別人的幫助？」

塞貝微微笑了起來，用他家鄉的口音說：「只有宙斯才知道這些！」

「確實，」蘇格拉底說，「我承認這樣說看起來還有些勉強，但它也許是說得通的。在人們秘密進行的那些事情當中流傳著這樣一個說法：我們人類是一種囚犯，且不能靠自己獲得自由或者自行逃跑。這種說法很神秘，我都不能完全理解它。儘管如此，塞貝，我相信神是我們的監護者，我們人類是他們的財產。你們贊同嗎？」

「我贊同。」塞貝說道。

「如果你的一個財產，在沒有得到你任何關於希望它死的指示下自殺了，你是否會生氣？在這種情況下，如果你可以施以懲罰，你會懲罰它嗎？」

「當然會。」塞貝說。

「如果是這樣的話，以下說法就不是不合理的了：一個人不能自殺，除非得到了神關於他有必要那樣做的指示，就像我現在得到指示那樣。」

「看起來是這樣的，」塞貝說，「這就很奇怪了，蘇格拉底，『神是我們的保護者，我們是他們的財產』，這種說法跟你剛才說到的『哲學家應該做好死亡的準備，並樂意死亡』不是相衝突嗎？聰明的人不會認為當他離開神，得到自由的時候，會比在有神保護的時候能更好地照顧自己。最聰明的人不會希望因死而失去諸神的關照——這些神可是最好的主人啊。傻瓜才會草率地認為自己應該從主人那裡逃跑，才想不到應該盡可能長久地跟他的主人在一起。所以，聰明的人厭惡死亡，而傻瓜喜歡它。」

我想，蘇格拉底在聽到塞貝的論證後，感到很高興。他轉向我們，一本正經地說：「塞貝總是愛追根究柢，不會輕易被別人說服。」

「蘇格拉底，我覺得塞貝剛才說的是有道理的。」西米阿斯說，「聰明人為什麼會希望離開一個比他本人還要好的主人呢？我想塞貝的論證是針對你而說的。你就要離開我們了，同時也要離開那些被你稱為『神』的好主人，可你還是這麼輕鬆，這麼滿意。」

「你們兩個都為自己的說法做了辯護。我想你們也覺得該輪到我為自己的觀點辯護了，就像我曾在法庭上做過的那樣。」

「當然需要。」西米阿斯說。

「好的。」他說，「那就讓我把論證做得比曾在陪審團面前做的更有說服力吧。西米阿斯、塞貝，如果我不認為死後我將走向另外一些智慧的、好的神；不認為我走向的那些已經死去的人比我離開的那些還要好；那我應該為死亡感到悲傷。現在我預期會加入好人的行列－對這點我不敢完全確定－但我完全確定的是我將走向神，那些非常好的主人。所以，我不僅不厭惡死亡，對於死後的世界我還有一個美好的希望：在未來，有些好東西為人們死後準備著。就像古話說的那

樣：為好人準備的會比為壞人準備的好得多。

「好啊！」西米阿斯說，「蘇格拉底，這個說法，你是打算帶著它一起離開我們呢，還是想在離開前跟我們分享它？我敢肯定，它將會給我們帶來好處。而且，如果你的言論把我們給說服了，那它也就是你的辯護了。」

「我試試吧。」他說，「但先讓我們看看克里托想說什麼，他好像好一會兒前就想跟我說話了。」

「就是一件事，蘇格拉底。」克里托說，「那個給你毒藥的人早就叫我提醒你要盡可能少點兒說話了。他說說話會使人的身體變熱，而身體變熱會影響毒藥起作用。在身體變熱時服毒，就可能要服兩、三次才能見效。」

蘇格拉底回答說：「不用管他。那就只好讓他準備兩次毒藥了—如果有必要，準備三次也無妨。」

「我就知道你會這麼說。」克里托說，「我也沒辦法，他煩我好一會兒了，叫我提醒你。」

「他愛怎樣都行。」他說，「我的法官們，現在我要在你們面前做我的辯護了，有什麼理由認為一個真正把生命用在哲學上的人在面對死亡時應該感到高興，為什麼他會期待著死後將會在另一個世界中得到最大的福祉？西米阿斯、塞貝，我會試著告訴你們，為什麼這樣是可以的。

「恐怕其他人不會意識到踐行哲學的目標無非是為瀕死和死亡做準備。如果確實是這樣，就會顯得很奇怪：他們整個一生都在渴望某個東西，曾長時間努力練習以獲得它，卻在這個東西就要到來時對它不滿。」

西米阿斯笑了起來，說道：「宙斯啊！蘇格拉底，你的話使我忍不住要笑，雖然我現在都沒有笑的心情。我想大多數人聽到這話後，會覺得這個關於哲學家的描述真是太合適了。我們底比斯人會完全同意哲學家跟死者是很接近的。大多數人也會覺得，死亡是哲學家應該得到的。」

「他們這樣想是對的。西米阿斯，但他們除了只是這樣說說而已外，並沒有意識到真正的哲學家在什麼意義上近乎死者，渴望的是哪一種死亡，在什麼樣的意義上應該得到死亡。但先不管他們，」他說，「讓我們自己來討論討論：我們是否相信存在著死亡這回事？」

「當然存在。」西米阿斯說。

「死亡是不是就是靈魂和身體的分離？我們是否相信，死亡就是達到這樣一種分離的狀態：靈魂從身體裡分離出來獨立存在，以及身體也從靈魂中分離出來獨立存在。對死亡，還有比這個更好的解釋嗎？」

「死亡就是那個樣子的。」他說。

「那麼，先生們，請考慮一下另一個問題，並跟我分享一下你們的意見。它將引領我們更好地認識我們正在研究的主題。你們認為哲學家是否會關心所謂的快樂，即從吃喝中得到的快樂？」

「不會。」西米阿斯說。

「情愛的快樂呢，哲學家會關心它們嗎？」

「同樣不會。」

「由身體提供的其他快樂呢？例如，人們通常讚賞的華貴的衣服、鞋子，或者其他任何裝飾身體的東西。哲學家對這些東西，除了有些情況非要用到它們外，你覺得哲學家是否還會看重它們，還是說甚至會輕視它們？」

「我覺得一個真正的哲學家會輕視它們。」

「你是否認為，這樣的人只關心靈魂，而不關心身體？只要有可能，他就會盡力忽略身體，把注意力轉向靈魂？」

「我同意。」

「那麼，這些事情就很清楚地表明瞭：哲學家比任何人都想令靈魂從其與身體的聯繫中分離出來，獲得自由？」

「很明顯。」

「大多數人會覺得，一個人如果不關心身體上的歡愉，生活中沒有這些快樂，那他們是不值得活著的，他們幾乎已經算是死了。」

「你說得對。」

「讓我們來考察一下對知識的追求，看看又會怎樣！當一個人走在探索知識的道路上時，身體是會成為一個障礙呢，還是會成為一個助力？我的意思是，人能從看和聽當中得到任何真理嗎？是否就像詩歌中跟我們講的那樣，我們不能準確地看到、聽到任何東西。而如果就連這兩種感覺都無法是清晰的、精確的，我們的其他感覺又會怎樣呢？它們一定還不如前兩種，你們贊同嗎？」

「我完全贊同。」他說。

「那麼，」他問道，「靈魂什麼時候能獲得知識呢？靈魂在考慮任何事情時，只要與身體在一起，顯然就會受到身體的誤導。」

「確實。」

「如果不是在推理中，又能在什麼情況下，靈魂因沉思而對事物的認知變得清晰呢？」

「你說得對。」

「確實，當靈魂不受這些感覺的影響，既不聽也不看，既不痛苦也不快樂時；當它距離身體盡可能地遠，不再與身體有任何接觸、有任何聯繫時；當它單獨存在，只是靠自己去探索實在時，它的推理將做得最好。」

「是這樣的。」

「那麼，哲學家的靈魂最輕視身體，最想從身體裡逃跑，想要成為獨立的自己？」

「看起來是這樣的。」

「下面的觀點又怎麼樣呢？西米阿斯，我們能否說，存在著這樣一個東西，它是正義本身？」

「宙斯在上！能夠這麼說。」

「美本身和好本身也同樣存在，對嗎？」

「當然。」

「你曾用眼睛見過這類東西嗎？」

「沒有。」他說。

「那你曾透過身體中的其他感覺掌握過它們嗎？我指的是諸如高大、健康、力量，等等，即所有那些事物的實在和本質。你們曾透過身體的官能把握住這些東西的實在嗎？是透過身體能把握這些實體，還是說，誰如果打算以最好、最周全的準備去把握事物本身，準備單憑理智去進行他的探索，他的研究將會走得跟知識最近。是這樣嗎？」

「很明顯。」

「那麼，當一個人思想中沒有任何與視覺的聯繫，推理中也沒有被任何其他感覺所影響，當他僅以思想去接近外界時，他將做得最為完美。他只運用思想去抓住每一種實體，盡其所能地把自己從眼睛、耳朵中解放出來，從整個身體中解放出來─因為不管任何時候，當靈魂與身體在一起時，身體會使靈魂困擾，阻礙它追求真理和智慧。西米阿斯，如果這樣的人不能夠發現真理，誰還能做到呢？」

「你所說的，確實是對的，蘇格拉底。」西米阿斯說。

「考慮了所有這些之後，那些真正熱愛智慧的人一定會這樣想，並互相轉告：我們已經發現了一條指引著我們走出困惑的捷徑，它引領我們在論證中得出了這樣一個結論─只要我們有一個身體，我們的靈魂受到身體的糟糕影響，我們將永遠也無法充分得到我們想要的那種東西，那種被叫作『真理』的東西。因著身體對養分的需求，它會以千萬種方式使我們忙碌，迫使我們為了它的存活而終日勞累。如果疾病降臨，這些疾病同樣也會妨礙我們對真理的追求。此外，身體總是以需求、欲望、恐懼，以及種種幻覺和無意義的東西來左右我們。就像有句話說的那樣：深陷於身體當中，我們就真的再不能進行思想了。身體及其欲望還導致了戰爭、幫派分歧以及各類爭鬥，因為所有戰爭都是由於對財富的欲望引起—而對財富的欲望又源於對身體的關心。因此，我們被身體所奴役，被強迫著去獲取財富。所有這些事情都使我們過於忙碌以致沒有閒暇踐行哲學。最糟糕的是，當我們從忙碌當中得到一點點閒暇去做研究時，身體的存在又會時常帶來困擾和吵鬧，打斷我們的研究。所以，無論怎樣，它妨礙了我們接近真理。

「這些道理確實向我們展示了：我們要想擁有純粹的知識，就必須從身體那裡逃離，靠靈魂自己來觀察事物本來的面目。看起來不是在我們還活著的時候，而是只有當我們死了，才能夠獲得想要的東西，那個我們所愛的智慧。因為只要我們帶著身體去追求知識，就不可能獲得純粹的知識。當我們還擁有身體時，擁有純粹的知識是不可能的，如果這樣說是正確的，那麼，以下兩點中必有一個是對的：要麼我們永遠不能獲得知識，要麼我們能夠在死後獲得知識。因為在靈魂脫離身體之後，而不是在脫離之前，它才能成為獨立的自己。當我們還活著時，我們能夠做到的只是盡可能地靠近知識，盡可能地克制靈魂與身體的聯繫，盡可能保持靈魂的獨立，使它不參與到身體的活動中去、不被身體所影響，除非我們確實避免不了。如此，我們努力使靈魂盡可能地純淨，直到神來使我們獲得自由的那天。如此，我們盡可能地逃脫了被身體的愚蠢所污染的不幸命運，保持了靈魂的純淨，並樂意與其他純淨的靈魂為伴。只有這些靈魂才能夠得到真理，因為只有純淨的東西才能接近純淨的東西。西米阿斯，所有真正追求知識的人一定會相信，並且會互相分享上面那番話。是嗎？」

「當然了，蘇格拉底。」

「如果這是真的，我的朋友。」蘇格拉底說，「那麼，我便很有希望，當我到達我現在要去的那個地方時，在那裡我將獲得曾在我過去的生命中佔據最重要地位的東西。所以這次旅程，我是帶著最美好的希望上路的。這個希望不只我擁有，每一個相信他的心靈已經得到了淨化，並做好了上路準備的人，也都擁有。」

「確實是這樣。」西米阿斯說。

「這種淨化是什麼呢？在我們的論證中早提到過了，這種淨化就是，使靈魂從身體中分離出來—從其與身體已經習慣了的結合當中分離得盡可能遠，擺脫與身體的每一絲聯繫；盡可能自己獨立存在；不論是在現在還是在未來，都使自己從身體的束縛中獲得自由。是這樣嗎？」

「當然。」他說。

「那個自由，亦即靈魂從身體中分離出來，就叫作死亡？」

「確實如此。」

「真正的哲學家，總是最想獲得靈魂的自由。他們一心一意想做的事就是，使靈魂從身體中分離出來，擺脫身體的束縛。不是嗎？」

「看起來確實如此。」

「那麼，就像我一開始說的，如果某個人一生都在訓練自己，使自己的生活狀態盡可能地接近死亡的狀態，但是當死亡來臨時卻惶恐不安，這種反應是不是很可笑？」

「確實很可笑！」

「事實上，西米阿斯，」他說，「真正的哲學家，他們踐行哲學，就是在為死亡做準備。在所有人類當中，他們最不害怕死亡。請考慮一下以下觀點。這些人厭棄身體，非常希望靈魂從身體中分離出來，渴望靈魂得以獨立存在。而當靈魂與身體分離這件事情真的發生時，他們卻感到害怕和不滿，這種反應是否會顯得十分荒唐？如果他們沒有高高興興地出發，高高興興地前往那個地方，那個當他們到達後會獲得一生渴求的東西—智慧，那個當他們到達後，將完全擺脫他們正在逃離的東西，那麼，是否會顯得十分荒唐？」

「非常荒唐。」西米阿斯說。

「很多人在他們的愛人—如妻子、兒子—死的時候，被一種想與愛人相見，想與愛人繼續在一起的渴望所驅動，會希望親身前往地下世界。一個真正熱愛智慧的人，也有一個與此相似的希望：他知道除了在死後的世界中，他在別處永遠也無法發現自己所愛的東西—真理。我的朋友，這樣的人，會厭惡死亡，會不高興開始前往那裡的旅程嗎？一個真正的哲學家一定會樂意出發前往，因為他堅信除了在死後的世界中，他將不會在任何其他地方發現純粹的知識。如果這樣說沒有錯的話，那麼，就像我剛才說的那樣，一個人害怕死亡將會是極其不合理的。」

「宙斯在上！確實如此。」西米阿斯說。

「那麼，我們就可以知道，」他說，「任何面臨死亡時惶恐不安的人，都不會是智慧的熱愛者，而是身體的熱愛者。這樣的人同樣也是財富、榮譽的熱愛者，或者兩者都熱愛。」

「確實如你所說的那樣。」

「西米阿斯，」他說，「有一種叫作『勇氣』的美德，它是否只有哲學家才會擁有？」

「確實。」

「同樣，有一種品質，表現為平靜、自制，以及對激情的漠視，即被多數人稱為『節制』的品質，是否只屬於那些輕視身體、生活在哲學中的人？」

「毫無疑問。」

「如果你試圖在其他人那裡尋找勇氣和節制，將會發現結果顯得很奇怪。」

「為何這麼說呢，蘇格拉底？」

「你知道，他們都把死亡當成是非常壞的事情。」

「確實是的。」他說。

「他們如果能勇敢面對死亡，通常是因為害怕一些比死亡更壞事情。」

「確實。」

「那麼，除了哲學家外，人們都是因為害怕和恐懼才變得勇敢的。雖然透過害怕和恐懼變得勇敢顯得有點奇怪。」

「確實是的。」

「他們中的一些節制者又是怎樣的呢？這些節制者不也跟那些勇敢者類似嗎？他們的節制不也是由於某種放縱引起的嗎？你們也許會說，這怎麼可能！但是他們那種淺薄的節制將會被證明確實跟我說的那樣。他們刻意保持與某些快樂的距離，是因為他們害怕失去另外一些自己想要的快樂；是因為他們已經被其他種類的快樂征服了，成為快樂的奴隸，就是他們所說的放縱。而在他們身上發生的實際情況就是，他們控制了某些快樂，只是因為他們被另外一些快樂所控制。這就像我們剛才提到的，他們的節制，實際上是另一種『放縱』。」

「看起來是的。」

「親愛的西米阿斯，以快樂交換快樂、痛苦交換痛苦、恐懼交換恐懼，或者用大的錢換小的錢，這些交換恐怕不是獲得美德的正確途徑。恐怕，唯一能交換到美德的東西是智慧。透過智慧，我們能擁有真正的勇氣、節制、正義。只有在智慧當中，才會存在這些真正的美德，而與有沒有快樂、恐懼等這些感覺之類的事物無關。不是透過智慧得來的美德只是徒有美德的影子，實際上則充滿了強迫和虛偽。反之，真正的自制、勇氣和正義則絲毫沒有強迫、虛偽，智慧本身就具有一種淨化的能力，將這些東西清除乾淨。舉行秘密儀式的人並非蠢人，雖然他們說的話讓人感覺莫名其妙，但這些話或許隱藏著一些深意。他們說：『未得到啟發、未得到淨化的人，他們到達地下世界後將會陷入泥淖；而那些得到了啟發的、淨化了的人將會與神在一起。』確實，就像那些秘密儀式中的人說的那樣：佩戴著酒神標記的人很多，真正愛酒神的人很少。我想，那些真正愛神信神的人，就是真正的哲學家。在我的生命中，我曾熱切地渴望，千方百計地想成為這些愛

智慧者的夥伴。為了這個目標，每一件需要做的事我都盡可能沒有遺漏地完成。而我的渴望是否正確，我的努力是否有所成效，關於這一點，我想很快我就能夠確定—如果神願意的話，就在到達那個世界的時候。

「這便是我的辯護了。西米阿斯、塞貝，這就是為什麼我會不帶傷感、沒有抱怨地離開你們，離開這一個世界的主人。為什麼我這樣做是正確的，而不是錯誤的。我相信，在那個世界當中，我可以找到好的朋友和好的主人，就像在這裡一樣。如果這個辯護能夠比我那天給雅典陪審團做的更有說服力，那將非常令人欣慰。」

當蘇格拉底說完，塞貝插話道：「蘇格拉底，你說得真是妙極了！我基本同意你的觀點。但是，人們會很難相信你關於靈魂的那些說法。他們擔心，人死之後，只會剩下身體，而離開了身體的靈魂則不會在任何地方繼續存在。人死的時候，靈魂就會被毀壞、被分解，會像呼出的氣、煙霧那樣消失、破滅，再無蹤影。如果靈魂確實能保存自身，依靠自己獨立存在，在人死後還能逃離你剛才說過的那些糟糕的事物，那麼你說的那些將很有希望是正確的，死亡會是個祝福。但現在，還需要有說服力的論證，讓我們相信靈魂在人死後確實能繼續存在，仍然能夠繼續擁有力量和理智。」

「塞貝，你說得很對。」蘇格拉底說，「接下來我們要如何著手呢？你是否想探討一下那個說法到底是對還是錯？」

「我非常希望聽到你對這個問題的分析。」塞貝說。

「我想，」蘇格拉底說，「聽到我講話的人，即便他是一個喜劇詩人，都不會說我在討論一些與我無關的東西，都不會說我在浪費時間。如果你也有同感，那我們就繼續把這個問題徹底澄清吧。首先，讓我們先明確一下要討論的問題：在人死了以後，人的靈魂是否會在另一個世界中繼續存在。古代有一個關於靈魂的說法，它是這樣的：在人死亡之後，靈魂會從這個地方前往另外一個地方，之後又會從死亡當中重新回到這裡。如果確實如此，生命是從死亡中重新回來的，那麼，靈魂就肯定會在另一個世界中繼續存在。因為如果它不存在的話，它就不可能再次在這裡存在。如果有證據表明生命只能從死亡中重生而不會有其他來源的話，『靈魂在死後繼續存在』也就得到了充分的證明。如果沒有證據，我們就還需要其他論證。」

「確實如此。」塞貝說。

他說：「如果你想更好地探究這個問題，就不應把考察的範圍僅僅局限在人類身上——可以把所有動物、所有植物也都考慮進來，簡而言之，把所有事物也都進行一樣的考察。讓我們先看看這些事物是否是從它們的對立面中產生的——如果它們有對立面的話。例如，美的對立面是醜，正義的對立面是不正義，這樣的例子要多少有多少。我們再想想是否凡是有對立物的事物，只能產生自它的對立物外，而不會有別的來源。例如，當一個東西成為較大的東西的時候，它之前一定是較小的東西，然後才變成了較大的東西。」

「有道理。」

「那麼，如果有一個東西變成了更小的東西，這個更小的東西一定來自之前更大的東西，是那個更大的東西變成了這個更小的東西？」

「當然是這樣。」他說。

「成為較弱的東西，這個較弱的東西一定來自較強的東西。較快的來自較慢的也同樣如此？」

「當然。」

「同樣，如果有一些更壞的東西形成了，那它也是來自於之前更好的東西；更正義的來自相對不夠正義的？」

「是的。」

「在充分考察了這些事實之後，我們可以合理地得到一個結論：每一個事物都是從其對立物中產生的？」

「是的。」

「關於對立物的討論，有一個更進一步的觀點，即每一對相對立的事物，在這兩個事物之間存在著這樣一種關係：存在著兩個過程，分別為從其中一個到達另一個的過程，以及從另一個返回到第一個的過程。例如，在更大的事物和更小的事物之間，存在著從更大到更小的過程以及從更小到更大的過程，這兩個過程分別被叫作變小、變大。」

「是的。」他說。

「分離和合併、冷和熱，以及所有相對立的事物也都是這樣的。即使有時候我們對這些過程都沒有一個名稱來命名，但實際上，其中一個事物總是從另一個事物當中變來的，在每一對事物中都存在著這樣的生成過程。」

「一定是這樣的。」

「存在著睡的對立面—醒。是否也跟睡那樣，存在著活的對立面？」

「一定有。」他說。

「那麼，它是什麼？」

「死。」他說。

「在兩個對立的東西間存在著互相產生的過程，並且由於它們是互相產生的，所以存在的過程有兩個。是這樣嗎？」

「當然。」

蘇格拉底說：「那麼，就剛才提到的兩對對立物，睡與醒，生與死，我來分析其中的一對及其互相轉化的兩個過程，你來告訴另外一對的情況。我將分析睡與醒，而你告訴我生與死。我認為，睡與醒是一對相互對立物：清醒，是從睡眠中醒來；睡眠，則是從清醒當中睡去。這兩個過程，其中一個是去睡眠，另一個是清醒過來。你贊同這種說法嗎？」

「當然。」

「請你用同樣的方式分析一下關於生與死。你是否認為死亡的對立面就是活著？」

「我贊同。」

「它們是互相產生的？」

「是的。」

「從活著中可以產生什麼？」

「死亡。」

「從死亡中可以產生什麼？」

「我能說的東西就只有一個，活著。」

「塞貝，活著的人，以及活著的其他事物都來自於死亡嗎？」

「看起來是的。」他說。

「那麼，我們的靈魂就會在另一個世界中存在。」

「看起來是這樣的。」

「在這個例子中，兩個生成的過程中的一個是很確定的，那就是死亡的過程是非常明白確定的，對嗎？」

「確實如此。」

「接著，我們可以怎麼做呢？我們是否該給這個過程補充一個相反的過程呢？其他對立物之間都有兩個過程，難道偏偏世界就在這裡出現了特例，生死的轉換中只有一個過程？還是說，我們必須為成為死亡這個過程提供一個相反的過程？」

「當然需要。」

「那麼，它是什麼？」

「它就是重新成為生命。」

「那麼，」他說，「如果存在重生這樣的事實，它一定是這樣一個過程：從死亡到活著？」

「當然是這樣。」

「那麼，據此，我們都同意，從死亡產生生命的過程就跟從生命變成死亡一樣，同樣是明白確定的。如果確實如此，那麼這就是一個充分的證明：靈魂能夠再次回來表明了靈魂在人死後一定會存在於某處。」

「我想，蘇格拉底，」他說，「從我們同意的前提中確實得出了這樣的結論。」

「再考慮一下以下的考察方式，塞貝，」他說，「它也證明了我們剛才的結論是正確的。如果兩個生成過程不總是平衡的，即兩個過程都存在，當它們連接起來時不是像一個循環，而是像直線那樣只從其中一個走到它的對立方，不存在返回的過程，或者做任何偏轉，那麼，你將看到，最終所有事物都會具有相同的性質，處於同一個狀態上，以及停止做任何變化。是嗎？」

「那是什麼意思呢？」他說。

「我的意思並不難明白。例如，就像去睡眠這樣的過程，如果不存在與之相對應的醒來的過程，你就會看到，關於恩底彌翁(72)的故事就會顯得很無趣。為什麼這麼說呢？因為到最後，所有東西都會變得跟恩底彌翁一樣長睡不醒—而恩底彌翁也不可能再醒來，他將一無所得。如果所有東西都是對立產生的，而沒有任何東西是單獨存在的，那麼，安那克薩哥拉[73]所說的『所有事物都是混沌一片』就會是正確的。親愛的塞貝，同樣道理，如果每一個擁有生命的東西死後都會一直保持著死亡的狀態，而不會再回到生命的狀態中來，那麼，到最後所有東西都會變成死的，而不會有任何活著的東西存在了。即使生命能夠有其他來源，但是，每個生命都是要死的，而當所有生命都死亡時，怎麼避免得了最終所有事物都歸於死亡呢？」

[72] 恩底彌翁，被宙斯賜予長睡不醒的神人。

[73] 安那克薩哥拉，古希臘的一個哲學家。

「我看這個結局是避免不了的，蘇格拉底。」他說，「我想你所說的完全正確。」

「塞貝，」他說，「我想這個例子是非常清楚的。重生確實存在，生命能從死亡當中返回，死者的靈魂也是存在的。我們贊同這點並不是由於受到了誤導[74]

。」

「更進一步，蘇格拉底。」塞貝插話道，「還有一個理論也支持這個觀點，就是你經常跟我們說的：學習無非就是回憶。根據這個理論，我們現在正在回憶的東西，必須是在以前曾經學習過的。『學習就是回憶』要是正確的，就需要這

---

⑭對蘇格拉底的這個論證，可叫作「對立物互相轉生論證」，梳理重構如下。母論證：

（a）如果靈魂在人死亡之後不繼續存在，就不可能重生為人。
（b）重生是存在的。
所以（c）靈魂在人死亡之後繼續存在。
對（b）的證明：
（e）任何一對相互對立的事物，都存在著互相產生的兩個過程。
（f）生命和死亡是一對相互對立物。
所以（b2）生命產生了死亡。並且（b3）死亡產生了生命。
由（b2）和（b3）可得（b）重生是存在的。

點成立：在擁有人的形體之前，靈魂曾存在於某個地方。同樣，根據這個理論，靈魂好像是一個不朽的東西。」

「塞貝，」西米阿斯打斷他的話，「對這個理論又要怎麼樣證明呢？請提醒我一下，我記不得這個了。」

塞貝說：「有一個非常棒的論證，是這樣子的：如果向人們提問，並且提問的方式非常好，那麼他們總是能靠自己給出正確的答案。他們之所以能夠做到這點，是因為他們在過去已經擁有了知識。如果提的是一些數學作圖之類的問題，將能更加清楚地看出這點。」

「如果僅僅這樣還不能說服你，西米阿斯。」蘇格拉底說，「那麼讓我們進行接下來的考查，看看能否使你相信『學習就是回憶』的說法？」

「我並不是懷疑它不正確。」西米阿斯說，「我只想記起『學習就是回憶』這個說法到底是什麼樣的。剛才塞貝說到有一個論證的時候，我就開始嘗試著回憶，現在也已有點想起來了，並且感受到了說服力。無論怎樣，我非常樂意聽到你們將要給出的解釋。」

「一個人如果能夠回憶起任何東西，他在回憶之前，一定已經事先知道了被回憶的東西。是不是這樣？」蘇格拉底說。

「是的。」他說。

「當一個人看到、聽到或以其他方式感知到某個事物，此時如果他不僅知道這個被感知的事物，也由此有一個關於其他事物的感知，得到了關於它的知識。他得到的關於後一事物的知識與關於前面那個事物的知識是不同的。我們是否可以說，他是透過回憶得到了關於後面那個事物的知識的？我們是否同意，當一個人透過這種方式獲得知識時，他就在進行回憶？」

「什麼意思呢？」

「我們舉一個例子吧。你是否同意，關於一個人的知識與關於一把七弦琴的知識是不同的？」

「當然了。」

「好。你知道在情人間常常發生以下這類事情：他們看到一把七弦琴、一件衣服或任何他們的愛人經常使用的東西，就會想起擁有這些東西的愛人—這就是回憶。同樣，當某人看到西米阿斯時想起塞貝，這也是回憶。類似的例子要多少個都能舉得出來。」

「這樣的例子確實可以舉出無數個。」

「這類事情不就是一種回憶嗎？」他說，「尤其當一個人想起的是那些已經忘記了的，已經有一段時間沒有見過的事物的時候。」

「是的。」

「更進一步，」他說，「一個人能夠透過看見一張關於馬或七弦琴的圖像而回憶起一個人嗎？或者透過看到一張關於西米阿斯的圖像而回憶起塞貝？」

「當然可以。」

「透過看到西米阿斯的圖像，他也可以回憶起西米阿斯本人？」

「當然也能。」

「所有這些例子表明了，回憶能夠被一些相似的事物引起，同樣也可以被一些不相似的事物引起？」

「是的。」

「當回憶是被相似的事物引起時，那個人一定也會注意到引起回憶的事物與被回憶的事物二者之間到底是完全相似，還是並非完全相似？」

「是的。」

「如果是這樣的話，再進一步思考一下。」他說，「我們是否可以說存在著一個叫作『相等』的東西？我不是說一根棍子與另一根棍子相等，一塊石頭與另一塊石頭相等，或者任何這類例子。關於那個『相等』，我是說，它在這些例子

之上，它是相等本身。我們能夠說這種東西是存在的嗎？」

「宙斯在上！當然能夠這麼說。」西米阿斯說。

「我們知道它是什麼嗎？」

「當然。」

「我們可以從哪裡獲得關於它的知識呢？是從我們剛才舉的那些事物中嗎？從對相等的棍子、相等的石頭之類的事物的觀察中，我們有了一個關於相等的知識。但這個知識中的相等與看到的那些相等的事物是一樣的嗎？你認為呢？這樣想一下：這些棍子、石頭即使保持不變，有些時候看起來是相等的，而有時也會顯得不太一樣，是嗎？」

「確實。」

「關於相等本身呢？它們在你看來，會有可能顯得不相等嗎？」

「從沒有，蘇格拉底。」

「所以，這些相等的事物與相等本身是不一樣的？」

「我不認為它們是一樣的，蘇格拉底。」

「雖然這些相等的事物與相等本身並不是一回事，但是你是從這些相等的事物中把握到了關於相等本身的知識？」

「是的。」

「無論它跟它們之間是相似的還是不相似的，對嗎？」

「確實。」

「這沒有什麼不同。只要一個東西使你想起了另一個，不管它們是否相似，這都是一種回憶？」

「確實。」

「好的，那麼，」他說，「剛才提到了相等的棍子以及其他相等的事物。這些事物中的『相等』，其意義跟『相等本身』的意義是一樣的嗎？還是說與相等本身相比，在這些相等中存在著一些不足，它們跟相等本身並不一樣？」

「存在著不足。」他說。

「當某人看到某事物時，會想到他所看到的事物在盡力模仿著某個實體，但無法做到真正地、完全地跟那個實體相像，因為所看到的東西存在著不足。這個人在此前一定擁有關於那個實體的知識，所以此刻他才得以運用來判斷所看到的事物跟實體是否相像，是嗎？」

「是的。」

「那好，關於相等的事物與相等本身，正好就是一個例子，對嗎？」

「非常正確。」

「在我們第一次看到相等的事物，想到這些事物雖盡力模仿相等本身，但又總會有所不同。在此之前，我們一定早已經擁有了關於相等的知識了，是嗎？」

「是的。」

「那麼，我們也會贊同關於相等本身的知識是透過視覺、觸覺或其他感覺得到的。在這方面，所有這些感覺都是一樣的。是嗎？」

「它們是一樣的，蘇格拉底，就我們的論證目的而言。」

「我們的感覺一定使我們意識到，透過這些感覺去達到相等本身，總存在著嚴重不足。是這樣嗎？」

「是的。」

「那麼，在我們開始看、聽或進行其他感覺之前，我們一定已經擁有了關於相等本身的知識。只有這樣，我們才能將那些相等的事物與相等本身做比較，並注意到這些事物雖然在盡力模仿相等，但總存在不足，存在缺陷。」

「從我們前面的推理當中，確實如此，蘇格拉底。」

「我們只有在出生之後才開始看、聽或運用其他的感覺？」

「當然。」

「我們一定在運用這些感覺之前就已經擁有了關於相等的知識？」

「是的。」

「那麼，我們一定在出生之前就擁有了關於相等本身的知識？」

「是的。」

「如果我們在出生之前就已經獲得了關於相等本身的知識，出生時和出生後都仍然擁有它，那麼，與相等本身類似的其他知識呢，我們是否同樣擁有它們？據同樣的道理，不應只是關於相等的知識，關於大、小以及其他觀念的知識我們也應該同樣擁有。我們目前的論證不僅涉及相等，還有美本身、好本身、正義本身、神聖本身，等等，以及所有那些對『它是什麼』這樣的問題所做的回答這一類的知識。所有這些知識，我們一定在出生之前就已經獲得。」

「是這樣的。」

「如果在我們獲得這種知識之後，並沒有把它們忘記，那麼，我們就會在整個生命中都保持著知道這一切知識的狀態。因為知道就是獲得知識，並保持著它不致失去。知識的失去，也可以叫作忘記，是嗎？」

「確實是這樣的。」

「如果我們在出生之前獲得了知識，但在出生時失去了它，後來又透過與之相關的感覺而恢復了這些曾經擁有的知識。我們是否把這種知識的恢復叫作學習，也可以叫作回憶？」

「是的。」

「我們前面已經證明，一個人可以透過看、聽或其他感覺察覺到某事物，並由此想起另外一個已經忘記了的事物，而不管察覺到的事物與想起的事物是否相同。所以，要麼我們出生的時候擁有知識，並且這種知識伴隨終身；要麼人們所說的學習就只不過是在回憶過去曾擁有的知識，即學習就是回憶。」

「確實如此，蘇格拉底。」

「西米阿斯，這兩者，你覺得哪個正確？我們從出生開始就擁有知識呢，還是我們的知識來自於對出生前曾見識過的那些事物的回憶？」

「現在我還無法確定選哪個，蘇格拉底。」

「那麼，你可否回答一下這個問題：一個擁有知識的人是否可以對自己所知道的事情做一個解釋？」

「他一定可以做得到，蘇格拉底。」他說。

「你認為每個人都可以對我們剛才討論的那些東西做出解釋嗎？」

「我很希望他們可以。」西米阿斯說，「但恐怕，只要到了明天的這個時候，這個世界上就不會再有任何人能辦得到了。」
「所以，你並不認為每個人都擁有關於這些事物的知識？」
「不認為。」
「所以，學習就是人們在回憶他們曾經學過的東西，這一條才是正確的？」
「按推理，確實這樣。」
「我們的靈魂是在什麼時候獲得這些知識的？在出生之後是不可能的，對嗎？」
「當然不可能。」
「那就是在出生之前嗎？」
「是的。」
「那麼，西米阿斯，可以肯定一點：我們的靈魂在具有人的形體之前就已經存在了，它們與身體分離，並且擁有著理智。」
「你說得沒錯，蘇格拉底，否則我們就是在出生時獲得這些知識。出生的時候也是可能的。」
「非常好，我的朋友，但是我們是在什麼時候遺失這些知識的呢？我們剛才都同意，我們出生的時候並沒有這些知識。難道我們是在獲得它們的時候失去它們的嗎？你還可以說出一個其他的可能正確的時間嗎？」

「不會有別的時間了，蘇格拉底。我剛才沒有意識到自己的話太輕率了。」

「那麼，西米阿斯，也許這就是我們的討論目前達到的位置了？」他說，「如果我們一直談論的美、好，以及其他那些實體是存在的。如果我們相信感知到的事物，與那些實體存在有著不可分割的聯繫；我們之所以能有這些感知，是因為我們以前見識過那些實體，現在得以回憶它們，也才能得以將感知中的事物與之相比較。如果這些實體是存在的，那麼，我們的靈魂一定在生而為人之前也早就已經存在了。如果這些實體是不存在的，那麼我們的論證就是不成功的，就沒有證明靈魂在出生為人之前就已經存在。所以，問題就是這樣的了：如果這些實體存在，我們的靈魂在出生之前就已經存在；如果前者不存在，後者也不會在生而為人之前存在，是嗎？」

「蘇格拉底，」西米阿斯說，「我認為兩者的存在是可以相互支持的，這一點沒有什麼好懷疑的。我們的論證已經合理地得到了這個結論：我們的靈魂在我們出生之前就已經存在，跟那些實體是存在的這個說法，是相互印證的。要麼兩者都不存在，要麼都存在。美、好，以及所有你剛才提到的那些事物的存在，對我來說也沒什麼好懷疑的，它們當然是存在的。所以，我認為這已經是個充分的論證了[75]。」

---

[75] 這個論證，我們可以稱為「學習即回憶論證」，重構如下。

（a）如果靈魂在生而為人之前不存在，則人們不可能擁有關於「相等本身」等實體的知識。

（b）人們有關於「相等本身」等實體的知識。

所以（c）靈魂在出生為人之前是存在的。

對（a）的證明：

（d）關於「相等本身」等實體的知識，人們要麼是在此生透過感覺等方式得到的，要麼透過回憶得到的出生前就擁有的知識。

（e）透過感覺不能得到關於「相等本身」等實體的知識。

所以（f）關於「相等本身」等實體的知識，人們是透過回憶而得到的出生前就擁有的知識。

所以（a）如果靈魂在出生為人之前不存在，則人們不可能擁有關於「相等本身」等實體的知識。

「塞貝，你怎麼想呢？」蘇格拉底說，「我們也必須說服塞貝才行。」

「我覺得他也被徹底說服了。」西米阿斯說，「雖然他是最不容易被說服的人，但我相信他已經徹底相信了我們關於靈魂在出生為人之前就已經存在的說法。然而，我覺得，靈魂在人死後是否會繼續存在，這仍是個疑問。剛才塞貝提到的人們所擔憂的事仍然是一個問題：當人死時，他的靈魂就會分散，這也是靈魂存在的終結。即使靈魂能在某個地方產生，並且在進入人體之前就已經存在，有什麼理由認為在人死後，它就一定能夠繼續存在，而不是毀滅消失呢？」

「你是對的，西米阿斯。」塞貝說，「所需要的證明我們現在才給出一半而已，就是我們的靈魂在我們出生前就已經存在。還有另一半需要證明：靈魂在我們死後仍然繼續存在。這樣的話論證才會完整。」

「西米阿斯、塞貝，完整的證明已經給出來了。」蘇格拉底說，「如果你把這個論證跟我們之前的論證聯合起來，即聯合我們之前已經確定的每一個生命都一定來自死亡這個說法。如果靈魂在出生之前就存在，在它進入生命，生而為人時，它便是從死亡當中出生，而不是從別的什麼地方。這樣的話，它一定在死後也會繼續存在，否則的話，它是不能再次回到生命中來的。所以你想要的論證已經完整地給出來了。可是，我認為你和西米阿斯都想更加深入地討論。你看起來有一種幼稚的擔憂，擔心當靈魂離開身體時，風真的能把靈魂吹散、毀滅，尤其是如果死的時候正在刮大風，而沒有碰上平靜的天氣。」

塞貝笑了起來，說道：「就假設我們害怕吧，蘇格拉底。請你試著說服我們，改變我們的想法，或者，也不必假設我們害怕，而是，或許在我們的內心深處有一個小孩，是這個小孩在害怕。就讓我們試著說服他不要害怕死亡，就好像死亡只是一個妖怪。」

「你應該，」蘇格拉底說，「每天給他念頌一個咒語，直到你的咒語趕走了他的恐懼。」

「我們應該在哪裡找到能念這個咒語的人呢，蘇格拉底，」他說，「而你又將離開我們？」

「希臘是一個很大的國家，塞貝。」蘇格拉底說，「那裡有很多好人，外國人也非常多。你應該在他們當中去尋找念這個咒語的人。不要在乎會在這上面要花多少錢財，會在這上面付出多少勞累，因為你用錢所能獲得的好處將永遠比不上找到那個人。你也必須發掘你自身的潛力，或許你會發現沒有人比你自己更能做好這點。」

「我們會去找的。」塞貝說，「但是讓我們回到剛才在論證中中斷的地方，如果你樂意的話。」

「當然，我非常樂意。」

「非常好。」他說。

「我們需要問自己這樣一些問題：什麼樣的東西看起來會分解、毀滅？這些會毀滅的東西中，哪一類我們需要為它擔憂，哪一類不必為它擔憂？我們應該檢驗靈魂到底屬於哪一類。知道靈魂屬於哪一類之後，我們到底是應該害怕，還是應該慶祝，自然也就會知道了。」

「你說得對。」

「這樣說是否正確：任何組合物或混合而成的東西傾向於分裂成其組成部分，只有那些不是組合而成的東西，才不會分裂？」

「我想是這樣的。」塞貝說。

「那麼，以下說法是否最有可能是正確的：總是保持不變，保持同一個狀態的事物，不會是組合物；反之，那些隨時間改變的，從來不保持同一個狀態的事物，它就是組合物？」

「我認為是這樣的。」

「讓我們先回頭看看之前討論過的那些事物，即實體。在提問和回答的過程中，我們都提到了它們。這些實體，我們叫作真正存在的東西，是總會保持不變呢，還是說，它們傾向於變化？相等本身、美本身，任何一個事物本身，有可能會產生任何變化嗎？它們一定總會保持著同一個狀態，永遠不允許發生任何變化，因為它們是單一的，是獨立存在的。是這樣嗎？」

「一定是這樣的。」塞貝說，「它們一定是保持不變的，蘇格拉底。」

「而諸如人類、馬，或者衣服之類的事物，它們的情況又如何呢？它們有時也會被說成是相等的、美的，但這些東西會一直保持那樣嗎？還是說，與實體正好相反，它們總是無時無刻不處於變動中，從來不會保持不變？」

「是後者，」塞貝說，「它們從來不會保持不變。」

「這類事物，你可以透過感覺去看到、觸碰到、察覺到，但那些永遠保持不變的事物，是看不到的，是無形的，只有透過推理才能把握得到。對嗎？」

「是的。」塞貝說，「這是對的。」

「現在，」蘇格拉底說，「我們能夠假設存在著兩類事物嗎，即一類是有形的，另一類是無形的？」

「就讓我們這樣假設它吧。」塞貝說。

「那些無形的，總是保持不變；那些有形的總是無時無刻不處於變動中？」

「讓我們繼續這樣假設。」塞貝說。

「我們的構成有兩部分，即身體和靈魂，是嗎？」蘇格拉底說。

「是的。」塞貝回答。

「現在，我們可以說出，身體最類似哪一類，最接近哪一類嗎？」

「有形的那一類，」塞貝說，「這點每個人都知道。」

「靈魂呢，有形的那類還是無形的那類？」

「無形的那類，至少對人類的眼睛而言，是無形的，蘇格拉底。」

「我們把事物分成有形的和無形的，是針對人類的眼睛來說的，不是嗎？」

「是的。」

「那麼，靈魂屬於哪一類？有形的那類，還是無形的那類？」

「不是有形的那類。」

「那麼它屬於無形的那類？」

「是的。」

「那麼，靈魂與身體比較，靈魂更加像是無形的那類，身體更加像是有形的那類？」

「是這樣的，蘇格拉底。」

「不久前我們才說過以下這點，當靈魂透過身體去進行探索時，不管是透過看、聽，還是別的什麼感覺——透過身體去探索無非就是透過這些感覺去探索——它都會被身體拉扯到那些無時無刻不處於變動中的事物上面來，它就會像一個喝醉了酒的人一樣，感到迷糊，感到暈眩，步履徘徊，停滯不前。」

「確實。」

「但當靈魂獨自去探索時，它就踏進了純淨、永恆、不朽、不變的國度；這個國度中的事物與靈魂同屬一類，或者相近。當靈魂單獨存在，不受阻礙時，它就總是跟這些事物待在一起，與這些事物溝通、接觸，並停止了迷惘的徘徊，永遠保持在同一個狀態中。靈魂的這種狀態，就是智慧。對嗎？」

「蘇格拉底，」他說，「你所說的完全正確。」

「根據我們前面說過的以及剛才說過的那些論證，你認為在這兩類事物當中，靈魂與哪一類最為接近最為相似？」

「蘇格拉底，我認為，」他說，「任何一個人，即便是傻子，在經過這個論證之後，都會同意靈魂最像永遠存在、永遠保持不變的那一類。」

「身體呢？」

「另一類。」

「再這樣考慮一下：當靈魂和身體組合在一塊時，它們的本性使得其中一個成為服務者和被統治者，另一個成為統治者和主人。你認為被統治者和統治者之間，哪一個是神聖的，哪一個是會朽的？你是否認為神聖的那個是統治者和領導者，可朽的那個是服務者和被統治者？」

「是的。」

「靈魂與哪一類更像？」

「很明顯，蘇格拉底，靈魂更像是神聖的那個，而身體更像是會朽的那個。」

「塞貝，請你考慮一下，以下這點是否是從我們前面的討論中得出的結論：靈魂最像是神聖的、不死的、理智的、統一的、不可分解的以及永不改變的；與之相對，身體則更像是凡俗的、會朽的、多樣的、不理智的、可分解的以及總是變動的。親愛的塞貝，我們能夠證明不是這樣嗎？」

「不能。」

「好的，那麼，如果確實如此，很明顯，身體是很容易分解的，而與之相對，靈魂則完全不可分解，或者幾乎不會分解，是嗎？」

「當然是這樣的。」

「很明顯，」蘇格拉底接著說道，「當一個人死後，他的組成部分中有形的那部分，即存在於有形世界中的身體，也就成了我們所說的屍體，它會分解，分離成其組成部分並四處飛散。在人死後，這個分解的過程並不是馬上完成的，屍體會保持上一段時間。如果死亡的時候碰上合適的季節和適宜的環境，甚至會保持上一段很長的時間。如果像埃及人那樣，把屍體風乾或者塗上防腐香料，它就能保持到難以估算的時間。甚至當身體腐爛了，它的一些部分，例如骨頭和肌腱之類，可以說是不會腐爛的。是這樣嗎？」

「是的。」

「但是靈魂，人的構成中無形的那部分，會出發前往一個跟它自己的本性一樣高貴、純淨、無形的地方，即冥界。那裡同樣居住著好的、智慧的神—如果神樂意，我的靈魂很快就要到達那裡了。如果靈魂具有這樣的本性，當它離開身體時，會像多數人所說的那樣立刻就分解和消散嗎？遠不是這樣，親愛的塞貝和西米阿斯，真相倒不如說是這樣的：它離開身體時是純淨的，沒有了身體中的那些東西的牽絆，因為它在活著的時候就從來不會希望跟身體待在一起，而總想著逃離身體、靠自身單獨存在。換句話說，靈魂總是踐行著哲學，這種踐行也就是練習處於死亡的狀態，為死亡做準備。是這樣嗎？(76)

「毫無疑問。」

「處於這種狀態的靈魂，會進入那個與它相似的世界中，即那個無形的、神聖的、不朽的、智慧的世界。當它到達那裡後，它便擺脫了謬誤、愚蠢、恐懼、強烈的愛欲以及其他人類缺陷，會過得非常幸福。就像有識之士說的那樣，在以後的日子中，它與諸神一起度過。是這樣嗎，塞貝？」

「當然。」塞貝說。

「但是，我想，如果它從身體中分離出去的時候，已經因為被污染而不純淨了，則又會怎樣呢？這樣的靈魂總愛跟身體在一起，關心身體，對身體著迷，也迷戀著身體的欲望和身體的歡愉。如此一來，它就會以為除了能觸碰到、能看到、能聽到、可飲用的、可從中享受情愛之樂等有形的事物之外，沒有其他東西是真實的。如果靈魂對那個人眼看不到的，只能被哲學把握的、理智的世界習慣了以

76 格拉底的這個論證，可叫作「無形物不可毀滅論證」，基本結構如下：
（a）無形的東西不可毀滅。
（b）靈魂是無形的。
所以（c）靈魂是不可毀滅的。

怨恨、恐懼和逃避來對待，你認為這樣的靈魂在離開的時候會是純淨的嗎，會是獨立存在嗎？」

「不能。」塞貝說。

「這樣的靈魂會徹底跟有形事物交融在一起，因為它經常與有形事物交流、接觸，關心形體。最終，靈魂會深深紮根於身體當中？」

「是的。」

「我的朋友，我們必定相信肉體之類的東西是個累贅，是沉重的，是凡俗之物，是有形的。剛才說的那種靈魂由於害怕不可見的東西，害怕冥界，會變得沉重，被拉扯進有形世界中。就像人們傳言的那樣，它在幽暗的、充滿幻影的墓地和遺跡之間徘徊。這樣的靈魂也是可被看見的，因為它還沒從有形世界中獲得自由，還與其在一起，受其污染。」

「看起來是那樣的，蘇格拉底。」

「確實那樣，塞貝。但這些靈魂不是優秀之人的靈魂，而是墮落者的靈魂。它們被迫在那裡遊蕩，作為對他們先前惡行的懲罰。它們會一直遊蕩，直到有一天由於其對有形事物的欲望，而再一次被囚禁在一個身體中。它們在過去養成的那些特點，也會在這一世當中延續下去。」

「你說的是什麼特點呢，蘇格拉底？」

「例如，不知克制、貪食、暴力以及酗酒的人，似乎就會變成一頭驢子之類的動物。你認為是這樣嗎？」

「我想這是對的。」

「那些崇尚不正義、暴政及搶掠的人會加入狼、鷹或者鳶的部落。你說，除了這類動物，還能說它們會往哪裡去嗎？」

「沒有其他更有可能的去處了。」塞貝說。

「非常確定的一點是，它們過去有什麼樣的行為，就會有與這行為相應的目的地？」

「當然，很確定。」

「他們中的最幸福者，就是那些具有大眾美德的人會去到最好的目的地。這種大眾美德，也即他們口中說的節制和公正，是透過習俗和社會訓練獲得的，而無需借助哲學和理性。是這樣嗎？」

「這些最幸福者又會怎樣呢？」

「它們似乎會再次降生到社會化的、溫和的物種當中，如蜜蜂、黃蜂、螞蟻，或者再次成為人類，成為溫和的人。」

「似乎確實如此。」

「沒有進行過哲學訓練的人是不完全純淨的，當他的生命結束後，不會成為神的同伴。能跟神在一起的，只有熱愛智慧的人。我的朋友西米阿斯、塞貝，這是因為真正熱愛哲學的人，以正確的方式踐行哲學的人，保持著與所有身體激情的距離，主宰它們，不向它們屈服；而不是像多數人那樣，由於對錢財的熱愛而害怕貧窮，害怕失去財產；也不像那些熱愛榮譽和權力的人那樣，害怕失去榮譽或者怕得到壞名聲。哲學家與這些普通人在根本上是不同的。」

「是的，哲學家當然與他們不同，蘇格拉底。」塞貝說。

「可以肯定的是，」蘇格拉底說，「那些關心自己靈魂的人，活著並不是為了為身體服務，他們會忽略前面剛說的那些事物，會跟那些為身體而活的人背道而馳，因為走在不同的路上，他們感覺到那些人根本不知道自己正在走向何方。哲學家相信，哲學能夠解放人、淨化人，是不能與之抗拒的，因此他們轉向哲學，不管哲學往哪裡指引都緊緊跟隨。」

「他們是如何做到這點的，蘇格拉底。」

「就讓我來跟你說說吧，」他答道，「熱愛知識的人知道，他們的靈魂在被哲學抓住時，是被囚禁於身體中的，被緊緊拴在身體上面。每當靈魂想看到現實，總無法做到依靠自己直接去觀看，而總要透過身體去看，彷彿要透過監獄的柵欄。因此，靈魂就這樣沉溺在無知當中。哲學看到關於囚禁的最可怕的事實是：這個被囚者的欲望在加梏著囚禁，是靈魂自己把自己關在監獄中，成為囚禁自己的幫兇。熱愛知識的人知道，當哲學在靈魂的這種狀態下抓住它時，會溫和地鼓勵它，嘗試使它獲得自由。它向靈魂指出眼睛、耳朵以及其他感覺充滿了欺騙，勸說靈魂除非不可避免的情況外，要盡可能遠離感覺；鞭策它要回到自身當中來，除了自己以及自己對事物本身的思考外，不要相信任何東西，不要把透過其他途徑得到的無時無刻不處於變動中的東西當成真理，因為那些東西是隨環境變化而變化的，是可以感覺到的、是有形的，而只有靈魂透過自己看到的才是理智的、無形的。真正的哲學家的靈魂認為一定不能抗拒這個解放的機會，而要盡可能地遠離快樂、欲望、痛苦和恐懼。他覺得強烈的快樂、痛苦或激情不僅會造成一個人可預見的那些糟糕情況，例如因貪欲引起了健康或財產的丟失；此外還會造成人們未曾預料到的最大的壞事。」

「指的是什麼呢，蘇格拉底？」塞貝問。

「那個最壞的事就是，當靈魂感覺到與某個外物有關的強烈快樂或痛苦時，會誤以為造成這種感覺的東西一定是最清楚最真實的——實際上卻不是。這樣的外物多半是有形的。是嗎？」

「當然是的。」

「這樣一種經驗會最頑固地把靈魂和身體捆綁在一起吧。」

「為什麼？」

「因為每一種快樂、每一種痛苦都像釘子一樣把靈魂釘在身體上面，把它們焊接在一起。這些快樂和痛苦使靈魂有形體，以至於靈魂會覺得身體覺得什麼是真實的，什麼就是真實的。這樣，靈魂也就有了與身體相同的信念和相同的歡愉，我想，它也就不可避免地接受了身體的習慣和生活方式，不再可能會以一個純淨的狀態前往冥界。在它出發時，它已受到了身體的污染，所以它很快又會降落到另一個身體當中，就像播下的種子，在那裡生根發芽。然後呢，這樣的靈魂就不可能再跟神聖、純淨和單一的事物為伴了。」

「蘇格拉底，你說得非常正確。」塞貝說。

「這就是為什麼真正熱愛知識的人是節制的和勇敢的。多數人也說自己是勇敢的或節制的，你認為他們的理由跟哲學家的理由是一樣的嗎？」

「當然不一樣。」

「確實會不一樣。這就是哲學家的理由：不會想著在哲學使靈魂獲得自由後，又向快樂或痛苦屈服，再一次把自己囚禁起來。否則的話，就會像潘娜洛普[77]做的無益勞動那樣，白天織布，晚上撕掉。哲學家的靈魂相信必須從諸多情緒當中獲得一種寧靜，必須追隨理性，與它為伴。它知道哪個是正確的、神聖的，而不只是擁有一堆意見。它還以這些正確的、神聖的東西為自己唯一的糧食。如此，它相信一個人只要活著，生活就應該那樣過；而當它死後，它希望去到一個與它自己相似的地方，在那裡擺脫人類的缺陷。西米阿斯、塞貝，在這番論證之後，再沒有理由擔心具有這樣本性、這樣追求的靈魂，會在它離開身體時分解，被風吹散，不復存在了。」

蘇格拉底說完後，接著是一段長時間的沉默。他好像把精神集中在剛才說過的話當中，我們中的大部分人也是如此。只有塞貝和西米阿斯在互相小聲討論著。蘇格拉底看到他們後，便問道：「你們覺得在我的論證中，還缺少什麼嗎？是否還有一些可疑的地方或者可以提出反對意見？若是徹底去討論這些說法的話，還是可以發現一些可疑的地方，可以提出反對意見的。如果你們是在談論別

[77] 潘娜洛普，Penelope，古希臘神話中戰神尤利西斯的妻子。

的話題，那我沒什麼可說的了，但是如果你們想到了關於這個話題中的一些困難，請毫不猶豫地詳細說出來。或者，如果你們認為論證可以被進一步提高，抑或是你們認為自己可以做得更好，那請讓我也參與進討論當中。」

「跟你實話說吧，蘇格拉底，」西米阿斯說，「我們兩個都有一些困惑，我們都在叫對方去向你提問，因為我們想知道你的回應是怎麼樣的。但我們兩個都很猶豫，因為在這個對你而言不幸的時刻，是否該打擾你。」

當蘇格拉底聽到這兒後，笑了起來，說道：「真的，西米阿斯，如果連你們都沒能說服，讓你們相信我並不把當前的處境當作是一種不幸的話，那我要說服別人恐怕要更加困難了。你們擔心我跟以前相比，變得煩躁了嗎？你似乎覺得我的預言能力還比不上天鵝？天鵝在其他時候也歌唱，但在知道自己將要死亡時，會唱得最為動聽，因為它們為自己即將走近所服侍的神而感到高興。但是，人們因為自己害怕死亡，就錯誤地解釋了天鵝歌唱的含義，說天鵝是在臨死前為死亡悲鳴，因傷心而歌唱。他們不瞭解，其實鳥兒在餓的時候、凍的時候或者遭受其他痛苦時是不唱歌的，即使是傳言在悲傷中歌唱的夜鶯、燕子或者戴勝⑱科鳥也是一樣。我不相信它們在為不幸歌唱，包括天鵝在內，因為它們屬於阿波羅，具有預言的能力，預見了在另一個世界中的福祉，因而它們為此歌唱，唱得比過去任何時候都還要多。我想，我跟這些天鵝一樣，服侍著同一個神，從神那裡得到一點預見的天賦，這天賦還不會比那些天鵝差。所以，我在結束生命的時候，悲傷也跟它們一樣少。瞭解這些之後，你們就不會再有那種顧慮了。請告訴我你們的問題，在雅典的十一位審判官還允許我活著的時候。」

「非常好，」西米阿斯說，「那我先說出我的疑問，然後塞貝會告訴你為什麼他不贊同你所說的。蘇格拉底，我想，也許就像你自己說的那樣，要在此生中獲得關於這個主題的知識是不可能的，要麼就是極其困難的。但是如果不去進行一番徹底的檢驗，在還沒有被各方面的研究弄得筋疲力盡前就輕言放棄，那會是非常懦弱的表現。一個人應該去學習、尋找、發現那些關於事物的真理，倘若那是不可能做到的，他就必須採納人類能提出的理論中最好、最有說服力的那個，就像乘著一個木筏那樣，乘著它穿過險象環生的人生。否則的話，除非可以乘上更堅固的船，得到一些神聖的指引，使航行變得更加安全、風險更小。所以在此刻，就像你說過的那樣，我不會再為向你提問而感到慚愧，也不會在以後為自己

⑦⑧ 戴勝，一種頭上生有一簇羽毛的鳥。

沒有在此刻說出所想而責備自己。當我檢驗我們說過的那些話時，不管是我自己進行，還是與塞貝一起討論，都覺得還是不夠令人滿意。」

蘇格拉底說：「或許你們是對的，我的朋友，請告訴我哪裡不夠令人滿意？」

「對我而言，是這樣子的，」他說，「按你剛才的論證，我們也可以對七弦琴、琴弦及和聲來做出同樣的論證來。和諧是無形的，是沒有實體的，是美麗和神聖的，存在於調好了音的七弦琴當中；而七弦琴和琴弦本身則是有形的，是有實體的，是組合成的、凡俗的和會朽的。如果有人弄壞了一把七弦琴，或者弄斷了琴弦，以與你相同的論證方式，他可以堅持和聲是仍然存在的，並沒有毀滅。因為不可能會出現這種情況：七弦琴和琴弦這些會朽的東西在琴弦剪斷之後仍然存在；而與神聖、不朽有著聯繫，本性與其相似的和聲卻在這些會朽的東西毀滅之前更早地毀滅掉了。他會堅持說，和聲一定仍然在某個地方存在；如果和聲也能毀滅的話，木頭和琴弦則一定會毀滅得更早。蘇格拉底，我想你一定想到了我們把靈魂理解為這樣一種東西：身體是由熱、冷、乾、濕之類的事物聚集結合而成；靈魂則是由相同的元素適當混合而構成的一種聚合物或者和聲。那麼，如果靈魂是一種和聲或者協調之類的東西，可以確定的是，當身體被疾病拖垮時，靈魂就會毀滅，不管它有多神聖，就如同由藝術家在樂曲或其他藝術作品中創作出的和聲那樣；身體則會維持一段較長的時間直到它們腐爛或者被燒掉。對這個論證，該怎麼回應呢？如果有人主張靈魂是由與身體共同的元素構成的聚合物，在人死的時候會是第一個毀滅掉的。」⑲

⑲ 西米阿斯針對蘇格拉底的「無形無不可毀滅論證」提出了一個反駁，梳理如下：

（a）和聲是無形的。

（b）和聲是可以毀滅的。

所以（c）無形物也是可以毀滅的。

另外，西米阿斯在反駁的過程中，還把靈魂跟和聲做了一個比較。如果這也當成是一個對靈魂可以毀滅的論證，可梳理如下：

（d）類似於豎琴發出的和聲，如果一種東西是別的東西產生的協調，則它是可以毀滅的。

（e）類似於豎琴與和聲的關係，靈魂是身體產生的一種協調。

所以（f）靈魂是可以毀滅的。

蘇格拉底像平時那樣，目光炯炯地看著我們，笑著說道：「西米阿斯給了一個很公正的反對意見。如果你們誰已經比我的回應準備做得更好，那就說出來吧。他看起來對論證已經胸有成竹了。可是，在回應他之前，我覺得我們應該先聽聽塞貝在論證中遇到了什麼困難。這樣的話，我們也可以有時間考慮該怎麼回應。在聽完塞貝的意見後，如果認為他說得有道理，我們可以接受，若是覺得並不切中要害，我們就繼續為論證辯護。來吧，塞貝，」他說，「告訴我們，你的困惑到底是什麼？」

「好的，我來說說吧。」塞貝說，「對我而言，這個論證看起來就跟之前一樣，我之前做的反駁對它仍然有效。我之前的反駁不是很聰明。可以這樣說，我並不反對靈魂在進入身體之前已經存在的說法，因為你那個優美的論證已經充分地證明了那點。但是我並不認為它同樣證明了靈魂在我們死了之後仍然存在。我也不同意西米阿斯的反駁。他說靈魂並不比身體更加強壯，並不比它更加持久地存在，但我想無論在哪個方面靈魂都遠遠比身體優越得多。如果同意了這點，我也許會遭到質問：『為什麼？你不也看到了在人死了之後，較弱的部分都仍然存在，難道你不認為較強的那部分至少會保存上同樣長的時間嗎？』現在來看看我的回應是否有道理。

「我想，我最好像西米阿斯那樣，打個比方來表達。如果有人說，一個老織工在死了之後並沒有毀滅，還非常好地存在於某個地方。他舉出這樣一個事實來證明他的說法：那個人織的衣服仍然完好，並沒有會毀壞。若是你認為他說得不對，他就問你：人與用來穿戴的衣服，哪一個能保持得更為長久。當回答是人能保持得更加長久時，他就認為這就證明了我們不能懷疑織工仍然完好地存在，因為與織工比較，那個相對保持更加短暫的東西都還沒毀滅。

「西米阿斯，我認為這種看法並不正確。請你特別專注地審查一下我說的那些話，每個能理解的人都會說它們是有問題的。因為織工曾經織過很多衣服，他本人毀滅的時間是在很多件衣服毀滅之後的，雖然在最後一件衣服毀滅之前。儘管人一點也不比衣服更加低級，更加脆弱。對靈魂與身體，我想，也可以用相同的方式來加以說明，靈魂會維持一段較長的時間，而身體則是較弱的，維持一段較短的時間。還可以繼續說，每一個靈魂都穿過許多身體，尤其是當人活了很多年之後。因為人還活著的時候，身體就處於一個總是變化和損毀的狀態，靈魂總是不斷穿上新的身體，換掉已經磨損的那個。靈魂毀滅時，它就穿著最後的身體，且毀滅的時間在這個最後的身體毀滅之前。靈魂毀滅之後呢，身體也會表現出其脆弱的本性，迅速腐壞、消失。這樣看來，那個論證就並沒有使我們有信心地認為，我們的靈魂在人死了之後仍然存在。

「蘇格拉底，即使根據你的論證，我們退一步講，不僅承認靈魂在我們出生之前就已經存在，也承認一些靈魂非常強大以至於能夠承受進出身體，也即在我們死後會繼續存在，然後再次出生，又再次死亡，以至於多次循環。可即使承認所有這些，還是不能保證靈魂在多次重生之後還能繼續經受重生，不會在其中的一次死亡中完全毀滅。我們還可以說，沒有人能知道哪一次死亡和身體的分解會帶來靈魂的毀滅，因為我們誰也沒有對此有所察覺。所以，任何充滿信心地面對死亡的人就會是愚蠢的，除非他能證明靈魂是徹底不朽的，是不可毀滅的。如果他不能證明，那麼，在他將要死的時候，就一定會擔心靈魂會隨著身體的分解而徹底毀滅。⑧⓪」

⑧⓪塞貝先是設想了一個靈魂在人死後繼續存在的論證，然後加以反駁。設想的論證：

（a）靈魂比身體更加強壯。

（b）更強壯的東西能夠保存得更久。

所以（c）靈魂能比身體存在更久。

由（c）得（d）在人死後，如果身體還未毀滅，則靈魂一定未毀滅。

塞貝的反駁：靈魂在人活著的時候換過多次身體，當人死時，正處於人最後一具身體當中。所以，人死時，靈魂存在的時間比死時的身體存在了更長的時間。所以，當人死時，靈魂隨即死去，並不意味著較強的靈魂比身體存在的時間更短。所以，從（c）推不出（d）。

當我們聽了他們的發言之後，我們都感到很沮喪—這點是後來我們談起的時候瞭解到的。我們已經很信服之前的論證了，而他們又令我們重新陷入困惑，把我們帶入懷疑當中。不僅使我們懷疑之前做出的論證，也懷疑即將要說的那些。我們擔心這個探索會變得無益，擔心我們無法獲得關於這個主題的任何確定的知識。

埃克格拉底：以諸神之名，斐多，我很同情你。聽了你的話後，我一直在心中問自己：從這以後，我們該相信哪種說法呢？蘇格拉底的論證是極有說服力的，而此刻掉進了讓人疑惑的境地。靈魂是一種和聲，這個說法一直對我有著吸引力，當你提起它時，我想起了自己過去對靈魂就是這樣子看待的。現在我又得再一次開始尋找別的論證，來說服自己靈魂並不伴隨著人的死亡而毀滅。宙斯在上，請告訴我，蘇格拉底是怎樣繼續談話的，他是否也像你說的其他人那樣也感到悲痛。還是說，他並沒有悲傷，而是平靜地為自己的論證辯護。如果是這樣，他做得是否令人滿意，是否成功？請盡可能詳細地告訴我，就像你之前做的那樣。

斐多：埃克格拉底，我常常佩服蘇格拉底，而在那一刻，敬佩之情達到了頂點。他能夠做出一個回應，這沒有什麼好奇怪的，但有幾點令我驚歎不已。首先，他對年輕人所做出的論證，表現出愉快、友好和讚賞之情；其次，他敏銳地意識到那些論證對我們的影響，又用高超的技巧治癒了我們的悲傷，把我們從失敗和逃跑中召回，重新帶回到對論證的檢驗當中去。

埃克格拉底：他是怎樣做到的呢？

斐多：我來告訴你。當時我就在他的右邊，靠著他的睡椅，坐在一個較矮的凳子上，他的位置比我高出許多。他敲了一下我的頭，撫摸著我脖子後面的頭髮，他以前有時也會這樣習慣性地撫弄我的頭髮。「明天，斐多，」他說，「或許你就要剪掉這美麗的頭髮了。」

「很有可能，蘇格拉底。」我說。

「如果按我的建議，不要那樣做。」他說。

「為什麼不呢？」我說。

「在今天，」他說，「我會剪掉我的頭髮，而你也剪掉你的，如果我們的論證死去，且又不能令它復活的話。如果我是你，當論證逃離我時，我會發一個毒誓，就像阿爾戈人[81]做的那樣：在我進行新的反擊並成功擊敗西米阿斯和塞貝的論證之前，不讓自己的頭髮成長。」

「但是，」我說，「他們說即使是赫拉克勒斯[82]也不是兩個人的對手。」

「那就叫我幫助你，做你的伊俄拉俄斯[83]，趁著白天還在繼續。」他說。

[81] 阿爾戈，Argives，古希臘城邦名。
[82] 赫拉克勒斯，Heracles，希臘神話中的英雄。
[83] 伊俄拉俄斯，赫拉克勒斯的幫手。

「我請你幫忙，」他說，「不是像赫拉克勒斯讓伊俄拉俄斯那樣幫忙，而是伊俄拉俄斯在呼喚赫拉克勒斯。」

「沒有什麼不同，」他說，「目前我們得小心躲開一個危險。」

「什麼危險呢？」我問道。

「變得厭惡辯論、厭惡論證的危險。」他說，「就像有些人會變得厭惡人類。

對一個人而言，最糟糕的事莫過於厭惡論證。厭惡論辯和厭惡人類產生的方式很相似。如果一個人在沒有足夠知識的情況下相信別人，相信那人是完全正確的、真誠的和值得信賴的。但在一段時間之後，發現那人是虛偽的、不可依賴的。這樣的事如果接連著發生許多次，尤其是當他最信任的朋友也如此時，最後他就會變得厭惡所有人，認為沒有人是真誠的。你遇見過這種事情嗎？」

「肯定見過。」我說。

「很好。」他說，「這是一種令人羞愧的狀態。很明顯，這個人想要建立良好的人際關係，卻缺乏關於人類本性的知識。如果他在交往時擁有這種知識，他就想到世上好人和壞人都是很少的，大多數人都在中間地帶。」

「什麼意思呢？」我說。

「就跟關於大和小的道理一樣。」他說，「如果要尋找一個極其大的或者極其小的人、狗或其他什麼生物，這不是很稀奇的事嗎？同樣，極端快、極端慢、極端醜、極端美、極端黑和極端白等也是如此。你沒意識到所提到的這些例子都是極其稀少的，但在這些極端之間的例子卻非常多？」

「當然。」我說。

「所以，」他說，「如果篩選壞的事物，你是否認為，這些事物中非常突出的也是非常少的？」

「是的。」我回答。

「確實，似乎是這樣。」他說，「但我想說的仍與論證的相似，不是指在那種意義上。我只是隨著你在討論中的引導說出來而已。相似的地方在於：當一個人在沒有運用邏輯方法去檢驗一番的情況下，就滿懷信心地相信某個論斷是正確的，之後又覺得它是錯誤的，不管它是否真的錯了。這樣的事一次又一次地發生，那麼你可以想像，這些人尤其是在這種爭論上花了時間的人，就會相信他們自己是最有智慧的人，覺得只有自己發現了一條真理：不存在什麼東西是可靠的、肯定的，不管論證還是任何其他事物，所有事物都在上下搖擺，就像歐里波[84]的潮汐，從來沒有穩定的時候。」

「確實。」我說，「確實是那樣的。」

「那麼，斐多，」他說，「假定某論證是真實的、可靠的，且人能夠去學習，但是有人因為曾經見過一些看起來有時正確有時錯誤的論證而感到懊惱，且

---

[84] 歐里波，Euripus，希臘東邊某海峽名稱。

他不責怪自己缺乏論證技藝，而是把憤怒和責備發洩到論證身上，在餘生當中都厭惡、斥責理性的討論，由此喪失了擁有關於真理的知識的機會。這樣是否很可悲？」

「宙斯在上，這種人很可悲。」我說。

「首先，我們要警惕，不能在心裡以為不會存在什麼可靠的論證。倒不如假定是我們自己不可靠，而且為了你們的餘生著想，而我則為了正在逼近的死亡，更要重新拾起信心，努力使我們變得可靠。我真擔心此刻自己對這個問題沒有保持一種哲學的態度，而只是像沒有教養的人那樣喜歡爭吵。他們爭辯任何事情時，並不關心在討論的話題中什麼是正確的，只是想讓他們的聽眾接受自己提出來的觀點，覺得自己是對的。我想我與這些人不同的地方就在這裡：除了只是作為附帶的目的之外，我並不很渴望使我的聽眾認為我所說的是正確的；而是希望能夠說服自己相信事情就如我說的那樣。看到了嗎，我的朋友，我的態度多麼自私。如果我所說的是真實的，信服它就是一件好事；如果在我死後，什麼也沒有剩下，不管怎樣，我也不應該因這最後時刻的悲傷而使我的朋友煩惱。我的這點愚昧堅持，雖然它是很糟糕的，但也會很快結束。所以，」他說，「西米阿斯、塞貝，我用這樣的心理準備來回應你們的論證。而你們，如果接受我的請求，就少掛念點蘇格拉底，多考慮考慮真理。如果你認為我所說的是真的，就同意它；如果不覺得，就用每一個你們能夠組織起的論證反駁我。因為我不想因急切的心情而誤導了自己，也不想自己像隻蜜蜂那樣，飛走了還把一根刺留給你們，誤導了你們。」

「我們必須繼續討論了。」他說，「首先，如果我忘記了你們說過的話，請提醒我一下。西米阿斯，我想你是對靈魂有所懷疑和感到擔心：雖然靈魂比身體更加神聖、更加美麗，然而它會先於身體死亡，因為它只是一種類似和聲的東西。塞貝，我想你同意靈魂能夠比身體存在更久，但是因為身體一直在遭受著損毀，所以你覺得沒人會知道靈魂在穿過許多身體之後，是否有一個最後的身體，離開它後靈魂自己也會毀滅掉。西米阿斯、塞貝，這些就是我們必須要考慮的問題嗎？」

他們兩人都表示就是這些觀點。

「現在，」他說，「你們反對我之前的所有論證，還是只是反對其中一部分？」

「關於學習就是回憶的論證，」他說，「你們是怎麼想的？由於學習就是回憶，所以我們的靈魂在被囚禁於身體之前一定已經存在。」

「我，」塞貝說，「那時我就被它說服了，現在仍然認為它比其他論證都更可靠。」

「我也是，」西米阿斯說，「感覺跟塞貝的一樣，我也很驚訝我從沒有對這點持有異議。」

蘇格拉底說：「我的底比斯人朋友，如果你堅持關於和聲的觀點，認為和聲是一種混合物，而靈魂只是一種由構成身體的元素緊繃著形成的某種和聲，那你一定會持有異議。因為你一定不會接受自己的看法，認為一個作為混合物的和聲會在構成它的成分聚集起來之前就已經存在。難道你會接受？」

「當然不會，蘇格拉底。」

「那麼，你看到了嗎？」他說，「這就是你所說的，靈魂在進入人類身體之前已經存在，而構成它的那些事物尚未存在。你是這個意思吧？用和聲來跟靈魂做類比，肯定是有問題的。七弦琴、琴弦以及聲音在還沒有形成和聲之前便已經存在，而和聲則是最後形成，又第一個毀滅。所以，你如何解決這個說法與前面那個說法的衝突呢？」

「我不能解決。」西米阿斯說。

「可是，」蘇格拉底說，「和聲的說法是要能與所有相關的說法協調一致才行的啊。」

「是這樣的。」西米阿斯說。

「很好，」蘇格拉底說，「現在兩個說法並不協調一致。你會選擇哪個，知識即回憶呢，還是，靈魂是一種和聲？」

「我肯定選擇前者，蘇格拉底，」他答道，「因為靈魂即和聲的說法並沒有得到證明，只是能夠迷惑人，讓人看起來有可能正確而已，這也是很多人支持它的原因。如果我們沒有防備的話就會受到欺騙，如同在幾何學中那樣，在別的事情上也是如此。學習即回憶的理論，是建立在值得接受的前提上面的。靈魂在進入身體之前就已經存在，只取決於我們是否擁有關於事物本身的知識。所以我有充分的理由相信學習即回憶的理論是正確的。所以，我不能接受靈魂即和聲的說法，不管它是由我自己提出來的，還是由別人提出來。」

「這裡有一個另外的觀察角度，西米阿斯。」他說，「你認為一種和聲或任何別的什麼組合物，它們能夠與由其構成元素所形成的狀態區別開來嗎？」

「不能。」西米阿斯說。

「其構成成分沒有遭遇到的事情，它也不可能遭遇到？」

西米阿斯表示贊同。

「那麼，並不是和聲控制其構成成分，而是和聲跟隨著其構成成分。」

他表示同意。

「那麼，一個和聲也不可能製造與其構成成分相反的運動，發出任何相反的聲音，或者做出任何相悖的事情。」

「確實不能。」西米阿斯說。

「每一種和聲的本性決定於該和聲協調一致的方式？」

「什麼意思？」西米阿斯說。

「我說的是協調一致的程度，」蘇格拉底說，「如果構成成分協調的程度比較高、比較完全，那麼形成的和聲也更加完全。如果協調的程度比較低，比較不完全，那麼形成的和聲也會相對不完全。」

「當然。」

「一個靈魂與另一個靈魂比較，要麼會更加完全一點，要麼會更加不完全一點，即使差別會極其小。是這樣嗎？」

「不會是這樣的。」他說。

「很好。」蘇格拉底說，「有兩個靈魂，一個靈魂是理智的，擁有美德，因而是好的；另一個則是愚蠢的、低劣的，因而是壞的。是這樣嗎？」

「是這樣的。」

「主張靈魂是一種和聲的人，他們對靈魂中的那些事情，諸如美德和邪惡該怎麼解釋呢？這些事情，其中一些是和聲，另外一些又不是和聲？好的靈魂，自身是和聲的，包含著另外一種和聲；而邪惡的靈魂則不包含另外的和聲？」

「我答不出來，」西米阿斯說，「但很明顯，贊成靈魂即和聲這個理論的人是會那樣想的。」

「我們在前面已經同意了，一個靈魂不會比另一個靈魂更加完全或者不完全，意思是說，一個和聲不會比另一個和聲更加完全或者不完全。是這樣嗎？」蘇格拉底說。

「是的。」

「一個和聲，其協調一致的程度，既不會高於也不會低於其構成成分之間協調一致的程度？」

「是的。」

「構成成分協調一致的程度，不能多於或少於和聲協調一致的程度，而只會等於它。是嗎？」

「完全正確。」

「那麼，一個靈魂不會多於也不會少於另一個靈魂，所以，它協調一致的程度也不會多於或少於另一個靈魂。」

「是這樣的。」

「那麼，它們是否會有不同的不一致，或者不同的一致？」

「不會。」

「那麼，一個靈魂也不會比另一個靈魂有更多的邪惡或者美德，如果邪惡不是和聲，而美德是和聲？」

「是的。」

「更準確地說，西米阿斯，根據我們的推理，如果靈魂是一種和聲，就沒有靈魂會有任何邪惡。因為如果和聲是完全的協調一致，它就不會有任何部分是不協調一致的。」

「是不能。」

「那麼，當靈魂成為完整的靈魂，就不會有任何邪惡？」

「為什麼如此，如果我們剛才所說的都是正確的？」

「根據這個論證，如果所有靈魂都與另一個靈魂相等，所有生物的靈魂會是一樣好的。」

「看起來是那樣的，蘇格拉底。」

「你是否覺得我們的結論是正確的，」蘇格拉底說，「如果靈魂是一種和聲這個理論是正確的？」

「是的。」他回答。

「很好，」蘇格拉底說，「組成一個人的所有部分中，你認為除了靈魂，還能有哪部分是主宰者，尤其是當那個人是一個充滿智慧的人的時候？」

「不會有其他部分。」

「靈魂是會跟隨身體呢，還是會與它作對？我的意思是，例如當身體是變熱變渴時，靈魂會攆著它遠離水源，反對它喝水；或者當身體饑餓時，迫使它不吃東西。這種靈魂反對身體的例子，我們都見過成千上萬了，是嗎？」

「當然。」

「另外，在之前的討論中，我們已經同意，如果靈魂是一種和聲，它就絕不會發出一個與靈魂的構成成分的緊張、鬆弛、震動，以及任何狀態不一致的調子。靈魂只會適應著這些狀態，而不會指揮它們？」

「是的，」他答道，「我們曾經同意過。」

「那麼，我們是否發現了靈魂其實是反對著、領導著那些構成成分。在整個一生當中，靈魂幾乎在所有方面都在壓制它們，指揮著它們，有時施以嚴厲而痛苦的懲罰，例如在體育運動中或者在醫療當中；有時也有溫和點兒的懲罰；有時則是脅迫；有時又是勸告。總之一句話，就好像靈魂與欲望、激情及恐懼這些東西是不同的，是相互分離的，會對它們做出指示。荷馬㊿85在《奧德賽》㊿86中這樣描寫奧德修斯：

他用力拍打著胸口，責備著自己的內心：

忍受吧，心啊，你曾忍受過比這更大的痛苦。

你認為當荷馬寫下這詩時，會認為他的靈魂是一個和聲，一個聽從身體指揮的東西，還是說，他覺得靈魂會統治它們，引導它們，會認為靈魂本身遠遠比一種和聲更加神聖？」

「宙斯在上，我認為是後者。」

「那麼，我的好朋友，我們就不能說靈魂是一個和聲；否則的話，我們就既不同意荷馬的神聖詩歌，也不同意我們自己了。㊿87

---

(85) 荷馬，Homer，古希臘詩人。《奧德賽》（Odyssey）是他的作品，奧德修斯（Odysseus）是該作品中的人物。

[86]《奧德賽》，第20章第17、18行。陳中梅《奧德賽》中譯本（中國戲劇出版社，2005年，第354頁）將這兩行翻譯為：但他揮手拍打胸脯，發話自己的心靈，責備道：「忍受這些，我的心靈；你已忍受過比這更險惡的景狀。」

[87]蘇格拉底對「靈魂即和聲」觀點的反駁。

從存在先後的角度論證：

（a）如果靈魂是身體的和聲，則靈魂一定不會在身體產生靈魂這種和聲之前就存在。

（b）靈魂在進入身體前已經存在（根據「學習即回憶」論證可得）。

所以（c）靈魂不是和聲。

從協調一致的程度角度論證：

（d）不同的和聲有協調一致程度上的區別。

（e）靈魂沒有協調一致程度上的區別。

所以（f）靈魂不是和聲。

從控制的角度論證：

（g）和聲不能控制形成該和聲的元素。

（h）靈魂能夠控制身體。

所以，（i）靈魂不是由構成身體的元素形成的和聲。

⑧⑧哈耳摩尼亞，Harmonia，女神，底比斯的建立者，名字與「和諧」一詞相同。
⑧⑨卡德摩斯，Cadmus，哈爾摩尼亞的丈夫。

「是的。」他說。

「非常好，」蘇格拉底說，「哈耳摩尼亞⑧⑧，底比斯人的神，看來我們已經討好她了，那麼，塞貝，我們又該用什麼論證來安慰卡德摩斯⑧⑨呢？」

「我想，」塞貝說，「不管怎樣，你一定會想到辦法的。你駁斥和聲理論的論證令我很吃驚，比我預料中的還要好。當西米阿斯說出他的疑難時，我都不知道是否會有人能夠回應他的論證，但看起來都不能抵抗住你的論證的第一輪猛攻，這令我驚訝得都說不出話來了。這樣看來，如果卡德摩斯將遭遇相同的命運，我也不會感到吃驚的。」

「好先生，」蘇格拉底說，「不要吹捧我了，以免給我即將要說的論證招來不幸。無論怎樣，讓神去處理這些吧，我們就以荷馬的方式『衝向敵人』，檢驗你所說的是否在理。你的問題概括起來就是：哲學家在面臨死亡時，如果他滿懷信心地認為死後世界的生活會比生前的更好，就必須證明靈魂是不朽的、不可毀滅的；否則，這種信心就會是愚蠢的盲目相信。你說，靈魂是強壯的、神聖的，以及在成為人類之前已經存在，並不意味著它是不朽的，只說明它能存在很久，在出生為人之前曾經在某個地方存在，知道了很多事情，做過了很多事情。然而，進入人類的身體就是靈魂分解的開始，就像得了疾病那樣，歷盡了生活的艱辛之後，最終在我們所說的『死亡』當中完全毀滅。你說，不管靈魂進入身體一次還是多少次，都不能改變人們對死亡的恐懼，因為如果不知道、不能證明靈魂是不朽的，除非是一個傻子，否則都會感到害怕。塞貝，我想以上所說的就是你的意思了。我把它重新說一遍，以免會有觀點漏掉，如果你需要的話，也可以繼續加以補充或刪減。」

塞貝說：「現在我沒有什麼要補充的，也不用刪減。你所說的就是我的意思。」

蘇格拉底安靜了好一會兒，看起來在專心投入思考當中去。然後說道：「你提的問題不是小事，因為產生和毀滅兩個東西的原因都要去研究。如果你樂意，現在我說出自己關於這個問題的一些看法。而如果我所說的看起來對你有用得著的地方，就用它來幫助你說服我們相信你的觀點。」

「當然。」塞貝說，「我很希望聽到你的經驗之談。」

「那麼，請注意聽。在我年輕的時候，塞貝，我強烈渴望得到一種智慧，就是人們說的關於自然的知識。那時我想，知道所有事情的原因是很了不起的事。為什麼每一樣東西會產生、會存在、會毀滅？我總是被這些問題煩擾得不得安寧。例如，人們說動物的成長是熱和冷相互作用的結果，真是這樣嗎？我們是透過血液、空氣，或者透過火來思考的嗎？還是說，不是透過這些東西，而是透過腦子？腦子提供了聽、看、嗅等感覺，從這些感覺中又產生了記憶和意見，這些記憶和意見穩定下來後就產生了知識？我又試圖去發現這些事物到底是怎樣消失的。我研究天上的東西，也研究地上的東西，直到最終我覺得自己並不適合做這種研究。我會證明給你為什麼如此。這種研究使我變得非常困惑，即使是我之前以為自己和別人都清楚知道的東西，跟著也變得疑難重重。我忘記了之前自以為是確定無疑的知識，包括關於人的生長。我以前覺得所有人都很清楚人是透過吃喝，也就是透過攝取食物來達到成長目的。肉類增加了他身上的肉，骨頭增加了他身上的骨頭，同樣，其他相似的事物也加進他身體的其他相應部位。就這樣，很小的體積便變得較大，很小的人也變成了較大的。這就是我過去所想的。這些說法，對你們而言，看起來是合理的嗎？」

「是的。」塞貝說。

「現在聽一下這點。我曾認為自己非常好地理解了『更大』或者『更小』的

意義。例如，看到一個高個子的人站在一個矮個子的人旁邊，我們說他比矮個子高一個頭；同樣，一匹馬比另一匹高一個頭。還有比這個更清楚的事情：十比八多，因為十等於把二添加進八當中；二尺比一尺長，因為它超過後者的一倍。」

「現在，」塞貝說，「你對它們的看法是什麼呢？」

「宙斯在上，」他說，「我不會再認為自己知道這些事物的原因了，我甚至不明白，當一加上一時，是前一個一變成了二，還是後一個一變成了二，還是兩個一放在一起時，它們共同成了二？我不明白，當把一個一分開時，這時它又變成了二。而變成這個二的原因與前面的那個原因剛好相反，前面是把一放在一起——這次是把一分開。我不再相信我透過這種方法能夠知道一或者任何其他事情是怎樣產生，怎樣存在以及怎樣毀滅的。我拋棄了這個方法，而在我的心中還有另外一種模模糊糊的方法。

「然後有一天，我聽說某人讀了一本安納克薩哥拉的書，書中有這樣一個說法，是心靈組織和造成了所有事物。我聽到這個關於原因的理論後，感到很高興，在我看來，心靈似乎確實是所有事物的原因。我想：如果心靈確實是組織者，它會把所有事物組織得妥妥當當的，會給每個事物安排最恰當的位置。所以任何人要想找到關於某事物產生、毀滅或存在的原因，他就必須發現什麼樣的存在狀態、被動狀態以及主動狀態對該事物而言是最好的。因此，在研究那個事物或其他事物上面，他不需要做別的，只需要瞭解什麼是最好的、最優秀的。做到了這點，他也就會瞭解什麼是壞的，因為關於好的知識和關於壞的知識都是同一個知識的一部分。當我這樣考慮了之後，我為自己在安納克薩哥拉身上找到了一個老師而高興，那位老師懂得關於存在的原因方面的知識。我想像著他會告訴我大地是平坦的還是圓形的，告訴我為什麼會那樣，為什麼必須如此；接著他又會告訴我『最好的東西』的本性，以及為什麼對大地而言最好是那樣；如果他說大地處於宇宙的中心，他會進一步解釋為什麼大地處於宇宙的中心會最好；如果他對這些都能解釋得清楚，我就不再尋求別的解釋了。我也會以同樣的方式追問他關於太陽、月亮以及其他天體的情況，他會向我解釋它們的相對速度、它們的旋轉，以及其他變化，說清楚為什麼它們的主動和被動狀態最好是這樣。因為我無法想像當他說它們都是受到理智的指揮時，還會說出一些其他的原因，而不是說這就是它們最好的狀態。所以我想，當他對每個事物、所有事物的共同原因做出解釋時，會進一步對每個事物、所有事物而言最好是怎樣的做出普遍的解釋。我對此寄予厚望，馬上拿起了書，以盡可能快的速度急切地讀了一遍，因為那樣我就可以盡可能快地知道什麼是最好的、什麼是最壞的。

「可是，我的朋友，當我們繼續閱讀下去時，我的希望馬上就破滅了。我看到他完全放棄了用『心靈』或者其他關於『安排』的原則來進行解釋，而說原因在於空氣、乙太[99]、水，以及其他一些奇怪的東西。這就像是說蘇格拉底的心靈是他的行為的原因，但在解釋我的某個具體行為時，卻說我坐在這裡是因為我的身體由骨頭、肌肉組成，骨頭是硬的、在關節處分開，肌肉能夠收縮和放鬆，各種肉和皮膚把它們連同骨頭全部包裹起來；骨頭由韌帶連接，透過肌肉的放鬆和縮緊使我現在能夠彎曲我的雙腿。他或許會按照相同的方式解釋我們在這裡談話的原因，用聲音、空氣、聽覺等來解釋，但就是不提真正的原因。那就是雅典人認為最好將我判刑，而我覺得自己最好坐在這裡，認為應該待在這裡，接受他們給我判處的任何懲罰。以神犬的名義，我發誓如果我不認為承受城邦施加的懲罰比逃跑更加好、更加高尚，我的這些骨頭和肌肉早就被帶到麥加拉或波爾提亞去了。把那些事物說成是原因簡直荒唐。如果任何人說如果我沒有這些骨頭、肌肉，就不能做我認為合適的事，那他是正確的。但是說這些事物是我行為的原因，而不說是因為我做了最好的選擇，就不對勁了。即使說我的行為是伴隨著理智的，這也是很懶惰的、粗心大意的說法。無論誰以那種方式談話，將不可能做出一個區分：某個事物，缺少它，原因將起不了作用—這個事物與原因是兩回事。在我看來，大多數人，他們把那個事物叫作原因，這就像在黑夜裡摸索，錯誤地給了那個事物不屬於它的名字。這就是為什麼有人認為大地四周圍繞著旋風，才使得大地處於天的下面；又有人認為大地是平坦的，被空氣支撐著；但他們不尋找一種使事物像現在這樣都處於最好位置的力量，不考慮一下這種神聖的力量，而是認為他們能發現一個更加有力量、更加不朽，囊括一切的新的阿特拉斯[91]。他們沒有想到『好』會是那個囊括一切的東西。誰能教我這樣一種原因是怎麼運作的，我將很高興成為他的學生。然而，我沒有成功，不管是從我自己這裡，還是從任何其他人那裡，都沒有學習到『最好』的本性。如果你喜歡，塞貝，我給你講講在再次的探索旅程中我發現了什麼。」

[90] 乙太，Ether，古希臘人認為充斥在上層天空中的一種物質。
[91] 阿特拉斯，Atlas，古希臘神話中的大力神。

「非常想聽。」他答道。

「這之後，」他說，「自從我放棄了研究實體，我打定主意一定不能像那些在日食期間觀看太陽的人那樣，遭受到傷害。他們中的一些人毀壞了自己的眼

睛，除非是透過水之類的東西去觀看。我考慮到了那種危險，擔心自己如果直接透過眼睛觀看事物，透過感覺去掌握它們，我的靈魂會變瞎。所以我想我必須求助於詞語，用詞語來檢驗事物的真理。也許我的比喻並不十分恰當，因為我並不認為，一個人透過詞語去研究事物的真理比觀察事實更可取。然而，我開始走上了那條研究的道路。在每種情況下，我把一些看起來最合理的理論假設為真的，然後每一種與它相互支持的觀點也都當成真的；而與它有衝突的觀點則當成假的。我想你還不大理解我的話，我會更清楚地傳達給你的。」

「確實不大明白。」塞貝說。

「好的。」蘇格拉底說，「我的意思是，並沒有什麼新的東西，就是我們一直在講的東西，在我們前面的談話中說過，也在其他地方談過。我會試著向你解釋我曾研究過的那種原因到底是什麼。我會回到前面談話中提到的美的本身、好的本身、大的本身等事物。如果你們同意這些東西是存在的，我會據此向你們解釋那種原因，找到一個靈魂不朽的證據。」

「你可以這樣假設。」塞貝說，「我同意它，請繼續吧。」

「那麼，」蘇格拉底說，「看你是否同意我的下一步。我認為如果任何事情是美的，除非它是美本身，否則，它美的原因就是分享了美本身，而不會有其他原因—其他事物的原因也類似這樣。你贊成這個關於原因的解釋嗎？」

「我同意。」蘇格拉底說。

蘇格拉底說：「我不大理解一些人提出的關於原因的新奇解釋。如果有人告訴我使一個事物美麗的原因是其可愛的顏色、形狀之類的東西，我不會理會他，因為這些說法使我覺得很混亂。我會簡明地、直接地，或許還是笨拙地主張，使一個事物美麗的原因是它分享了美的本身，或者美的本身在它身上出現了。不管你怎麼稱呼美的事物與美的本身之間的關係，我並未對這個關係的任何細節做任何論斷，但我認定一條：是美的本身使得任何美的事物成為美的。我想，這就是我對自己以及任何其他人所能給出的最保險的看法。如果我堅持這一點，我想我永遠都不會被證明是錯的。我相信對我也好，對任何其他人也好，主張這一點都是非常保險的做法。你同意嗎？」

「是的。」

「大的東西、較大的東西也是透過大的本身才成為大的、較大的？小的東西也是小本身具有了小的性質？」

「是的。」

「那麼，你會不會就接受這種說法：一個人比另一個人高，是透過高出一個

頭來比他高的，另一個人比那個人矮則是因為矮了一個頭。你會堅持大的東西是透過大的本身而不是別的東西才成為大的東西的，小的東西則透過小的本身。這才是它們大或小的原因。如果你說某人較大或較小，是由於那個頭，我想你會擔心遇到一些反駁。首先，大的原因和小的原因都是同一個東西，也即那個頭；其次，那個人因為一個小的頭而成為大的。這就很奇怪了，較大的東西竟然因為小的東西才成為大的。你擔心這種反駁嗎？

塞貝笑著說：「當然會。」

「那麼你會害怕說十是透過二比八多的，二是它多的原因。你會說它是透過數變得多的，數才是它多的原因。二尺比一尺大，並不是透過它自己的一半，而是透過長的本身，是嗎？你會這樣說，因為你擔心有同樣的質疑。」

「是的。」塞貝說。

「如果一加上一，或者一被分開，你會回避說添加或者分開是二的原因。你會大聲地說你知道每一樣東西得以存在不是由於其他原因，而是由於分享了那個它已經分享了的實體。你會接受任何變成兩個的事物，變化的原因不是別的，只是因為它分享了二本身；任何是二的事物也都分享了二本身。任何是一的事物，都分享了一本身。你不會理會添加、分開或其他精明的看法，而留給更聰明的人去解釋。就像老話說的，你會擔心自己缺乏經驗，會害怕自己的影子。你會抓住比較保險的假設，像我說過的那樣回應他。如果有人攻擊你的那個假設本身，直到你已經檢驗出從中得出的結論是互相支持，還是有衝突之處，否則你會不理睬他、不回應他。當你必須對那個假設進行解釋時，你要以相同的方式從另外一些在你看來更高的假設中選出最好的那個，從這個最好的假設出發，如此一層一層解釋下去，直到達到一個滿意的假設。你不會像詭辯者那樣混淆兩者，同時討論假設及其結果—如果你希望發現真理的話。他們根本就不在乎真理，只是聰明到即使當他們成功混淆一切時，還能使自己高興起來。但如果你是個哲學家，我想你會像我說的那樣做。」

「是的。」西米阿斯和塞貝兩個人同時說。

埃克格拉底：宙斯在上！斐多，他們是對的。我覺得他把這個主題剖析得如此清楚，簡直不可思議，即使只有一點聰明的人也都能很好理解。

斐多：確實是的，埃克格拉底，所有在場的人也都這樣想。

埃克格拉底：對我們這些當時不在場，但現在聽到複述的人也一樣。接著他又說了些什麼呢？

斐多：根據我的記憶，他們最終都接受了這些說法，贊同每一樣形式的存在

[92]，其他事物透過分享它們來獲得自己的名字。然後蘇格拉底說：「現在，如果你們贊同這些，當你說西米阿斯比蘇格拉底大而比斐多小時，你們是否覺得在西米阿斯身上存在著大和小？」

「是的。」

「但是，」蘇格拉底說，「你是否同意『西米阿斯比蘇格拉底大』在字面意思上並不是正確的。西米阿斯比蘇格拉底高，並不是因為他是西米阿斯，而是因為他恰好分享了高的本身？他比蘇格拉底高，也不是因為蘇格拉底是蘇格拉底，而是因為蘇格拉底與西米阿斯比較，後者分享了高的本身，蘇格拉分享了矮的本身？」

「是的。」

「他比斐多矮，也不是因為斐多是斐多，而是因為斐多與西米阿斯的矮比較，後者分享了矮的本身，斐多分享了高的本身？」

「是的。」

---

[92] 形式，Form，等同於事物本身，thing itself。

「那麼，西米阿斯就既被說成高的，也被說成矮的。這是因為在兩個人中間，他的矮被一個人的高超越，而他的高又超越另一個人的矮。」他笑著說，「我看起來像是在念著書本，不過我說的確實是那麼回事。」

其他人表示同意。

「我這樣說是想得到你們的贊同。我想，可以有根據地說，不僅高的本身永遠不會同時既是高的又是矮的，而且在我們身上的高，也永遠不會承認矮或被它超越。但是以下兩點一定有一個正確：要麼當高的反面『矮』朝著它靠近時，它會逃走、撤退；要麼當矮靠近時，高已經毀滅掉，終止了存在。無論如何，它不會接納和承認矮，因為那樣它就會變得不同於它過去的自己了。雖然我接納了矮，但仍然跟原來的我是同一個人；但是高的本身，是高的，不會忍受自己變成矮的；同樣，我們身上的矮也不會變成高。任何反面都還是它原來的自己，不會變成自己的反面。在變化當中，它要麼離開，要麼失去存在。」

「在我看來，這是合理的說法。」塞貝說。

當他說完後，我不記得當時到底是誰接著開口說：「諸神在上！這一個說法不是與前面我們承認的說法剛好相反嗎？前面我們說高從矮中產生，矮從高中產生，對立的兩面總是互相產生。可現在，你們又說這永遠不會發生。」

蘇格拉底轉過頭來聽了那個人的話，然後說道：「你真是非常好地提醒了我，但是你不明白前面說的和現在說的，這兩者之間的區別。前面說的是，一個事物從它的反面中產生；現在我們說一個事物本身永遠不會變成它的反面本身，不僅在我們身上，在任何其他事物上也是如此。我的朋友，我們之前談的是具有反面性質的事物，並以這些性質來命名。現在我們談的是這些反面本身，透過這些事物本身在各種事物中的出現，各種事物得到了它們的名字。這些事物本身永遠不會變成它的反面。」同時蘇格拉底看向塞貝，說道：「他說的那些也使你困惑嗎？」

「現在沒有，」塞貝說，「雖然反駁常會使我困惑。」

「我們完全同意，一個反面永遠不會是這個反面自己的反面。」蘇格拉底說。

「我們完全同意。」

「考慮一下，你們是否同意更進一步的觀點。存在著被叫作『熱』或『冷』的東西。」

「存在。」

「它們與被叫作『雪』或『火』的東西是一樣的嗎？」

「宙斯在上！不一樣。」

「那麼，熱是與火不同的另一種東西，冷是與雪不同的另一種東西。」

「是的。」

「我想，你會認為如果雪接納了熱，就再不會是它曾經的自己，不會再叫作『雪』。當熱靠近它時，它會變得溫暖，要麼會及時避開，要麼會毀滅掉，終止存在。」

「是的。」

「所以，當冷靠近火時，火要麼會避開，要麼會被毀滅；它永遠不會成功接納了冷的同時還能保持它曾經的自己，不會同時既是火，又是冷。」

「你說得對。」

「所以，不僅形式總是有自己的名稱，其他一些並非形式的事物，存在時也總是有形式的名稱。也許我可以表達得更清楚些。就舉『數目』為例，奇數的名字總是『奇數』，是嗎？」

「是的。」

「是否只存在著一個被稱為『奇數』的東西？我的問題就是，是否存在另外一些不是奇數的東西，它不僅有自己的名字，還有一個與它的名字不一樣的名字，即『奇數』——因為它的本性永遠無法從奇數中分離出來。我的意思是，例如對於『三』這個數，其他數也可做類似的考慮：你是否認為它總是既被叫作『三』，也被叫作『奇數』，一個與『三』這個名字不同的名字？奇數是三、五以及其他一半數位的本性；它們中的每一個都具有奇數的性質，但並不是奇數本身。另外，二、四以及另外一半數字，每一個都具有偶數的性質，雖然都不是偶數本身。你同意嗎？」

「我同意。」

「注意聽了，我想解釋的東西是這樣子的：不僅僅抽象的對立物互相排斥，而且，所有事物，即使不是自己排斥別的事物，也總是包含著一些事物，該事物排斥別的事物。也就是說，如果一個事物分享了某個形式，也會排斥與該形式相對立的形式。當那個被排斥的形式靠近時，它們要麼毀滅，要麼回避。我們是否可以說，三會毀滅掉或者經歷其他事情，但絕不會變成偶數時還保持著是三。是嗎？」

「當然。」塞貝說。

「二是三的對立物嗎？」

「不是。」

「那麼，不僅互相對立的形式不接納對方，其他一些事物也不接納其對立物？」

「非常正確。」

「你希望我們定義以下這些東西是什麼嗎，如果我們能夠做到的話？」

「當然。」

「一個事物如果被某事物所佔據，總會被後者所逼迫，不僅接受了後者的形式，與這些形式的對立物的關係也一併接受？」

「什麼意思呢？」

「就是像我們剛才說的那樣，你肯定知道，當三這個形式佔據某個東西時，那個東西就不僅是三，而且是奇數。」

「當然。」

「如果一種形式能產生上面那種效果，那個被佔據的東西絕不會接納該形式的對立形式。」

「不會接納。」

「奇數產生了那種效果？」

「是的。」

「與奇數對立的是偶數？」

「是的。」

「所以，三，絕不會接納偶數？」

「不會。」

「所以三不是偶數？」

「是的。」

「我們說過必須給出定義，不如現在就來試試。那類事物，對於並非其對立物的事物，也會拒絕接納它。例如，三，雖然它不是偶數的對立物，但也不接納偶數，而總會帶出偶數的對立物來排斥偶數。二與奇數的關係、火與冷的關係，以及其他很多事物，也都是如此。現在看看你是否同意這個說法：一個事物不僅不會接納它的對立物，如果該事物被某形式所佔據，也會連同該形式的對立物一併排斥。請現在回頭想想，回想一下總不會有害。五不會接納偶數，五的兩倍十也不會接納奇數。兩倍本身是另外一些事物的對立物，雖然它也不接納奇數。五分之一之類的混合分數，以及二分之一之類的簡單分數，都排斥整數這個形式。你能跟上我所說的嗎？你同意嗎？」

「我當然同意。我也跟得上。」

「讓我們再從頭來一遍吧，」蘇格拉底說，「不要用問題中的詞語來回答我的問題，而是像我做的那樣去做。我一開始給出了一個保險的回答，現在，我看到可以從剛才的討論中得到另一個保險的回答。如果你問我是什麼進入了身體使得身體變熱，我不會採用那個保險而無知的回答，即熱進入了身體。我們剛才的論證提供了一個更加聰明的回答，是火導致身體變熱。如果你問我是什麼東西進入了身體，使它生病，我不會說疾病，而說發燒。如果你問我是什麼進入了某個數，使它成為奇數，我不會說是奇數本身，而說是一本身。其他例子也一樣。你能充分理解我的意思嗎？」

「能理解。」

「那麼，回答我，是什麼出現在身體當中，使它變成活的？」

「一個靈魂。」

「總是這樣嗎？」

「當然。」

「無論靈魂佔據的是什麼，總會給它帶來生命，是嗎？」

「是的。」

「是否存在生命的對立物？」

「存在。」

「那是什麼？」

「死亡。」

「從我們前面的討論中，可以知道，如果靈魂伴隨著某個性質，則靈魂不會再接納該性質的對立物？」

「是的。」塞貝說。

「不接納偶數的東西，我們叫作什麼？」

「非偶數。」

「不接納正義的東西是什麼？不接納音樂的東西是什麼？」

「不正義、雜訊。」

「不接納死亡的是什麼？」

「不死。」

「靈魂是否會接納死亡？」

「不會。」

「非常好，」蘇格拉底說，「我們是否可以說靈魂不朽已經得到了證明？」

「已經得到了充分的證明，蘇格拉底。」

「那麼，塞貝，」他說，「如果奇數是必然不可毀滅的，那麼三也是不可毀滅的？」

「當然。」

「如果不熱的東西是不可毀滅的，那麼當熱靠近雪時，雪會及時迴避，而不會融化，因為它不能被毀滅，不接納熱，會保持著自身。是嗎？」

「是這樣的。」塞貝回答。

「同樣，如果不冷的東西是不可毀滅的，那麼當一些冷攻擊火時，火既不會被抑制，也不會毀滅，而會安全地迴避。」

「一定是這樣的。」

「對於不死，是否也可以這樣說呢？如果不死是不可毀滅的，那麼當死亡來臨時，靈魂被毀滅就是不可能的。因為根據我們前面說的，它不會接納死亡，或者成為死亡，就像三那樣不會成為偶數，奇數也不會成為偶數；火不會成為冷的，火中的熱也不會成為冷。也許有人會說，奇數在偶數靠近時為什麼不會變成偶數，為什麼不會毀滅消失，由偶數來取代它的位置？對於這個問題，我們不能只用『奇數不毀滅』來回答他，因為奇數並不是不可毀滅的。如果我們已經同意了它是不可毀滅的，我們會很容易地堅持說，在偶數到來時，奇數和三已經走遠了。這對火和熱以及其他事物而言，也都如此。」(93)

[93] 這個論證可以叫「基本屬性論證」。

（a）靈魂具有活著的性質（不存在一個東西，既是靈魂，又不是活著的）。

（b）與「活著」這個性質相對立的性質是死亡。

（c）如果某物具有性質P，P的對立性質是非P，則該事物不會接納性質非P。

所以（d）靈魂不可能接納死亡。等同於說，靈魂是不死的。

蘇格拉底列舉了奇數、火等例子來說明該論證的合理。

對於奇數：

（a_1）三是奇數。

（b_1）與奇數相對立的是偶數。

（c）如果某物具有性質P，P的對立性質是非P，則該事物不會接納性質非P。

所以（d_1）奇數不能是偶數。

對於火的例子：

（a_1）火是熱的。

（b_1）與熱相對立的是不熱。

（c）如果某物具有性質P，P的對立性質是非P，則該事物不會接納性質非P。

所以（d_1）火不可能不熱。

「當然。」

「那麼，如果我們同意不死是不可毀滅的，那麼靈魂也會跟不死那樣是不可毀滅的。如果不是的話，我們就還需要別的論證。」

「沒有那個必要，因為如果那個能永遠存在的不朽都會毀滅，就不會有任何東西能夠逃脫毀滅的命運了。」

「這樣的話，我想每個人都會贊同，神、作為形式的生命本身以及任何不死的事物，都是永遠不會毀滅的。」蘇格拉底說。

「所有人都會贊同這點，宙斯在上！我想即使是神也會贊同。」

「如果不死是不可毀滅的，並且靈魂是不死的，那麼，靈魂也會是不可毀滅的？」

「必然如此。」

「那麼，當死亡靠近一個人時，他身上會朽的那部分會死去，但是不死的那部分是不可毀滅的，從死亡那裡安全撤離。」

「看起來是的。」

「那麼，可以確定靈魂是不死的和不可毀滅的，我們確定靈魂會居住在另一個世界當中。」

「我對這點沒有什麼反對意見，蘇格拉底。」塞貝說，「我不懷疑你的論證。如果西米阿斯或這裡的任何人有什麼話要說，在這會兒不應該保持沉默。因為如果他想就這些主題說些什麼，或者想聽到些什麼，現在就是最好的時機。」

「我沒什麼要說的」西米阿斯說，「在這些討論之後，我看不出有什麼可以懷疑的地方。但是當我想到這個主題是多麼偉大，而人類又充滿缺陷時，心中仍有一些動搖，無法做到堅信。」

「你說得不僅正確，西米阿斯，」蘇格拉底說，「而且，我們的第一個假設還需要更清晰的檢驗，即使我們發現它們是有說服力的。如果你充分地分析它們，我想你會跟隨著論證走得足夠遠，遠到人所能及的極限。而當結論足夠清楚時，你就不會再繼續追究。」

「是的。」

「先生們，我們最好在心中謹記一點，如果靈魂是不朽的，我們便應該關心它，不僅在這一世當中需要關心，在所有時間裡也都必須那樣。如果一個人忽視靈魂，他就處於極大的危險當中。如果死亡是從所有事情當中逃避出來，那麼這對那些壞的靈魂來說，就是一個巨大的恩惠，因為當他們死的時候，就得以借此逃避了身體以及靈魂中的邪惡。但現在看來，由於靈魂是不朽的，他除了變得盡可能好、盡可能聰明外，不存在別的道路可以逃避邪惡和得到拯救。這是因為靈魂前往另一個世界時，除了它的教育和訓練，什麼都不會帶走，而教育和訓練在靈魂起程時會帶給它最大的利益，或者傷害。

「據說，當人死時，生前的監護神靈會帶領它們走向亡者的集中地。當它們到達集中地後，會被審判，然後又由指定的領路神靈把它們送往地下世界。在那個世界中，它們會承受應得的一切，並待上一段指定的時間，之後又被另外的領路神靈帶領著走過漫長的旅程回到我們這裡。這個旅程並不像埃斯庫羅斯[94]戲劇中的特勒福斯說[95]的那樣只有一條通往冥界的道路。我想，通往冥界的路既不會只有一條，而且那些路也不會是清楚明白的，否則的話也就不需要領路神靈了。如果只有一條道路，亡靈即使獨自上路也不會迷失。從我們這裡種種的莊嚴儀式和風俗看來，應該會有很多岔路和十字路。

[94] 埃斯庫羅斯，Aeschylus，古希臘戲劇作家。
[95] 特勒福斯，Telephus，古希臘神話中赫拉克勒斯的兒子。

「那些守規矩又有智慧的靈魂跟隨著指引，熟悉著周圍的環境；而那些渴望身體的靈魂，就像我說過的那樣，會在身體周圍徘徊不去，在有形世界中待上很長一段時間，不斷反抗，並遭受著痛苦，直到被它的指定神靈很不容易地用強力強迫著離開。當到達亡者的集中地時，這些不純淨的靈魂，或者曾犯過謀殺罪或做過其同類靈魂做過的一些錯事，其他神靈都會避開它，不願意與它為伴，不願意給它帶路。它只能在那裡孤單地、失落地遊蕩，直到在一個指定的時間被強迫著走向與其相配的居住地。而另一方面，那些曾過著純淨的、節制的生活的靈魂，會有神靈給它們做伴，給它們領路，走向適合其居住的地方。

「大地上有許多奇妙的地方，而且大地本身的大小及其各方面的特點，也不像通常談論它的那些人說得那樣。我倒相信另外一個說法。」[96]

「什麼意思呢，蘇格拉底？」西米阿斯說，「我自己也聽過很多關於大地的說法，但肯定沒有你所指的那種。我希望能聽聽你的想法。」

「實際上，西米阿斯。」蘇格拉底說，「我並不需要格勞庫斯[97]的技藝，也能告訴你這個說法是怎樣的，但是要證明所說的那些為真的話，或許就算有格勞庫斯的技藝，我也無法做到。何況，即使我有那個知識，我在這世上逗留的時間也不足以讓我把它們說出來。不管怎樣，沒有什麼能阻止我告訴你我認為大地的形狀如何，有著哪些區域。」

⑯蘇格拉底開始講述聽說而來的世界的圖景。
⑰格勞庫斯，Glaucus，古希臘神話中的人物，擅長預言。

「那樣就已經足夠了。」西米阿斯說。

「那麼，」他說，「我第一件要說的事是，如果大地是球形的，並處於宇宙的中心，它並不需要由空氣或任何其他力量來保持住不致墜落。宇宙在各個方向上的整齊一致以及大地本身的均衡，就足以使它穩定，因為一個東西平衡地處於一個整齊一致的東西中間時，不會向任何方向傾斜，而總會保持不動。這就是我相信的第一件事。」

「確實如此。」西米阿斯說。

「第二，大地是非常大的。我們沿著大海居住，就住在赫拉克勒斯石柱與菲西斯河⑱之間的一小塊地上。就像螞蟻或青蛙沿著池塘居住那樣，還有其他人分佈於大海的另外一些邊。大地上到處佈滿了大大小小、形狀不一的各類洞穴。這些洞穴中彙集了水、霧以及空氣，等等。而大地本身則是純淨的，跟星星一樣同處於純淨的太空當中。這個太空又被很多研究它的人稱為『乙太』。水、霧以及空氣都是乙太的沉澱物，它們總是會流進大地上的那些洞穴裡。我們就住在這些洞穴裡，但我們自己又並不這麼覺得，而是認為自己住在大地的表面上。就好像住在深海下面的人，認為自己住在海的表面。他們透過海水看到太陽以及其他天體，就認為大海就是天空，因為他們既遲鈍又虛弱，從來沒有到過海面，或者把頭伸出水面，或者跳出大海到達我們這裡。他們沒看過多少比他們的居住地更加純淨、更加美麗的地方，也從沒聽聞任何見過的人談論起它。

「我們的情況跟這些人是一樣的。我們住在大地的一個洞穴裡，卻認為自己住在它的表面。我們把空氣稱作天空，覺得星星就在其中移動。跟那個住在深海裡的人類似，因為我們的遲鈍和虛弱，我們無法到空氣的上面去。如果任何人到達了那上面，或者依靠翅膀飛到那裡，他就可以看到上面的世界，就像魚從水中伸出頭來看到我們的世界一樣。如果他能夠看到那個世界，他就會知道那裡有真正的天空、真正的光線和真正的大地。因為我們這裡的大地，這裡的石頭和整個

---

98 菲西斯河，river Phasis。

我們居住的區域，遭受了侵蝕和損毀，就像海裡的事物被鹽水侵蝕那樣。

「海裡長不出什麼好的東西，只有洞窟、沙子以及無盡的泥漿—跟我們這裡的東西比起來，海裡的東西並不美。同樣，我們的世界跟上面那個世界比起來，那裡的東西則遠遠比我們的高級。西米阿斯，如果現在適合講故事，那關於天底下這大地間萬物的故事，將值得聽聽。」

「無論如何，蘇格拉底，」西米阿斯說，「我們會很樂意聽到這個故事。」

「好的，我的朋友，那就先說大地吧。據說，大地從上面看下來，就像一個由十二片皮革組成的圓球，充滿了很多顏色。我們在這裡看到的顏色，與那裡的顏色比較，就如同畫家使用的顏料，只能算是顏色的樣品。那上面全都是那種顏色，它們比我們這裡的顏色明亮很多，也純淨很多。一部分是極其美麗的紫色，一部分是金色，一部分是比粉和雪都要白的白色，其他部分也由類似這樣的顏色組成。它們比我們在這裡看到的顏色更加繁多、更加美麗。大地上的那些洞穴由於充滿了水和空氣，也在各類其他顏色當中閃爍，展現著自己的顏色。所以，大地整個看起來就像是一個五彩繽紛的色塊。在大地表面生長著許多東西，樹木、花朵和果實，它們的美是按著一定比例超出在我們這裡生長的。山和石頭也比在我們這裡的更加美麗、更加柔滑、更加透明，顏色更加可愛。我們這裡的寶石，如光玉髓、碧玉、翡翠，等等，只不過是在大地表面的石頭的一些碎片。在那裡，所有石頭都是那種類型，甚至比我們的寶石更加美麗。這是因為那裡的石頭是純淨的，不像我們的石頭那樣會受到鹽水的腐蝕，或者水和空氣的侵蝕。這些水和空氣流進我們的洞穴裡，給這裡的石頭、動物以及植物等帶來醜陋和疾病。

「大地本身裝飾著這些寶石，也裝飾著黃金、白銀以及其他金屬。在大地表面，這類事物數量非常多，而且體積也很大，分佈在各個地方，所以，能得以一睹這裡的一切就是一種福佑。還有很多生物生活在大地上面，包括人。有些住在內陸；有些住在空氣的邊緣—就好像我們住在大海的邊緣；另外一些住在靠近大陸的島嶼上，四周被空氣所包圍。一句話，水和大海之於我們，就如同空氣之於他們；乙太之於他們，就像空氣之於我們。那裡的氣候非常適宜，因而他們不會得病，壽命也比我們長。他們的視力、聽力以及智力等方面的能力都比我們的更好，就好像空氣比水、乙太比空氣更加純淨那樣。他們有獻給神的林地和廟宇，且裡面真有神靈居住。他們能透過說話、預言、視覺等方式跟神靈溝通。他們看到的太陽、月亮和星星，就是它們的本來面貌，在其他方面他們也有類似的幸福。這就是大地從整體看上去的面貌，以及存在於其表面的事物。⑲

(99)前面幾段蘇格拉底描述了聽說來的大地表面的特點。接下來的幾段裡，蘇格拉底則接著描述聽說來的大地裡面的特點，包括人類所居住的區域，以及亡靈所居住的冥界。

「在大地上的那些洞穴裡存在著許多區域。這些區域，有一些比我們生活的這個更加深、更加廣闊；有一些則比我們這裡更深但更窄；還有一些比我們這裡淺點但更加廣闊。所有這些區域由大地底下的許多或窄或寬的通道互相聯繫著。透過這些通道，大量的水從一個區域流向另一個區域，有熱水也有冷水，還有大量的火和巨大的火河，以及大量或稀薄或稠密的泥流，例如那些流入西西里(100)的河，流入之前較為清澈，流入之後變得較為渾濁。這些流體流經的地方會被其淹沒，且會隨著大地的震動上下移動。這種震動是怎麼樣產生的呢？在所有洞穴中，有一個最大的洞穴，穿透了整個大地。當荷馬說『極其遙遠，那裡是大地最深之處』時(101)，所指的就是那個地方。荷馬及其他詩人在別處提起它時，稱它為『塔塔魯斯』(102)。所有河流都會彙集到這道裂縫當中，然後又從那裡流出來。每條河流無論流經哪裡，都會受到流經之地的影響，帶上流經之地的特點。之所以它們都會流進塔塔魯斯，然後又流出來，那是因為這些水流沒有一個裝盛它們的底部，也沒有固體特徵，因而總是會隨著震動上下波動。河流周圍的空氣和風也是一樣，因為它們跟隨著河流在大地上游動，從大地的這一部分走到另一部分。就好像人的呼吸，跟隨的氣流進來又出去，並且隨著水流而震動，在進出的過程中製造了可怕的風暴。當水流回相對於我們而言較深的地方時，會填滿那裡的河流，彷彿水是被水泵抽進去的那樣。當它離開那個區域，流到我們這邊，它又填滿我們這裡的河流。被填滿的河流流過通道，穿過大地，就這樣隨著不同通道的指引流向大地的不同區域，製造了各種海洋、沼澤、河流以及泉水。接著又流進地下，最後流進塔塔魯斯。在這個過程當中，有些河流經過了大的區域或者非常多的區域，有些則只流過小區域或很少的區域。而河流流經的地方，有些比流進前所在的地方低很多，有些則只低一點點，但無論如何，與流進前的位置相比，總是更低的。一些河流從地下流出的出口與流進地下的入口處於大地相同的一邊，有些則處於相反的一邊，還有一些像蛇那樣繞大地一圈甚至許多圈，在走了盡可能遠的路程後再經由通道流進塔塔魯斯。不管從哪一邊，它們都能夠流進中心，但絕不會越過它，因為在這裡，河流的兩邊都是陡峭的絕壁。

---

(100) 西西里，Sicily。

(101) 見荷馬史詩《伊利亞特》第8卷，第14行。

⑩② 塔塔魯斯，Tartarus，古希臘神話中的地獄，位於冥界。

「在這些各種各樣的河流當中，其中有四條是最為巨大的。最大的一條叫作『俄刻阿諾斯』⑩③，它在大地表面繞了一個大圈。阿刻戎⑩④的流向剛好與此相反，它流經許多荒漠地區，深入地下世界並注入阿刻盧西亞湖⑩⑤。大多數亡者的靈魂會來到此湖，並停留一段被指定的時間，有的待得短些，有的會待很久，然後又被送回去再次出生為生物。第三條河位於剛才那兩條河之間，在靠近其源頭的地方流進一個充滿火的區域，形成了一個比我們的海還要大的湖，湖中翻滾著沸騰的水和泥漿。從那裡出來，它接下來的行程像繞著一個圓圈，河水非常污濁泥濘，蜿蜒著流經幾個地方後，到達阿刻盧西亞湖的邊緣，但兩者的水並不相混合。接著，在地下盤旋多次後從較低的位置注入塔塔魯斯。這條河的名字就叫『皮里佛勒戈同』⑩⑥，它的一些熔岩支流會在世界各地溢出一些碎片。第四條河與這條河剛好相對，叫作『斯蒂傑安』⑩⑦。據說它首先流進一個可怕而又寬闊的區域，那裡全是一片黑藍色，河水在其中匯成了一個叫作『斯蒂克斯』⑩⑧的湖。當它流入那個湖泊時，河水獲得了可怕的力量；然後在地下蜿蜒盤旋著，以與皮里佛勒戈同相反的方向前進，到達阿刻盧西亞湖時剛好位於皮里佛勒戈同相對的另一邊。它的河水也不與其他水混合，盤旋著前進，最後注入塔塔魯斯。注入的地方也正好與皮里佛勒戈同注入之處相對。這第四條河的名字，詩人們說是『科庫托斯』[109]。

---

(103) 俄刻阿諾斯，Oceanus，古希臘神話中環繞大地的大洋河，也是這條河流的河神的名字。

(104) 阿刻戎，Acheron，古希臘神話中冥界的河流，隔絕著冥界和世間，死者的靈魂要到冥界去需要渡過此河，也稱苦惱之河。

(105) 阿刻盧西亞湖，Acherusian lake，古希臘神話中冥界的一個湖泊。

(106) 皮里佛勒戈同，Pyriphlegethon，古希臘神話中冥界的河流，火焰之河。

(107) 斯蒂傑安，Stygion，在本書中相當於科庫托斯河。科庫托斯河乃古希臘神話中冥界第五大河。

(108) 斯蒂克斯，Styx，本書中指一個湖。而在古希臘神話中乃是冥界的一條河流的名稱。

(109) 科庫托斯，Cocytus，古希臘神話中冥界第五條河，意為哀歎之河。

「這就是大地中河流的情況。當死者由其領路的神靈帶過來後，首先會被審判是否曾經過著善良的、虔誠的生活。那些曾經過的生活既不善良也不邪惡的人，會來到阿刻戎河，乘上為他們準備的船，前往阿刻盧西亞湖。在那裡住下，為過去做過的任何錯事而遭受懲罰，並因此得到淨化。同樣，他們也會因為曾經的善良行為得到相應的獎賞。那些做了諸如褻瀆聖物，或者犯下謀殺等罪行的人，由於其罪大惡極而被認為是無可救藥的。迎接他們的命運就是被丟進塔塔魯斯當中，並永遠無法逃離。那些被認為是犯了大罪而仍可救贖的人，例如因一時衝動而對父母施暴，但過後又在餘生中感到後悔自責，或者因衝動殺人，但後來又自知悔改。這些人也會被丟進塔塔魯斯當中，但通常又會在一年之後被波浪拋出來。犯謀殺罪的人經由科庫托斯河，對父母施暴的人經由皮里佛勒戈同河，都被帶往阿刻盧西亞湖。在那裡，他們大聲哭泣、呼喊，有些對著自己曾經殺死的人，其他的則對著自己曾虐待過的人，呼喚著他們，祈求他們允許自己走出河流進入湖中，祈求自己能夠被接受。如果他們說服了受害者，就可以向前走出河流，而懲罰也就此結束。但如果他們沒成功，就又要回到塔塔魯斯去承受痛苦，之後又進入河中，如此一直循環下去直到他們成功地說服了受害者。這就是根據審判對他們做出的懲罰。

「那些被認為是曾過著非常虔誠生活的人則從其原來生活的區域中獲得自由，就如同從監獄中得到釋放。他們會走在一條通往純淨居住地的道路上，然後生活在大地的表面。那些已經透過哲學而使自己得到了充分純淨的人，從此以後則在完全沒有身體的情況下生活著。他們走向的居住地，其美麗的程度，是難以用語言描述清楚的，何況我們也沒有多少時間了。

「根據我們談論過的這些事情，西米阿斯，一個人應當在其一生當中盡其所能地獲得美德和智慧。因為回報是公正的，而希望是巨大的。

「明智的人不會堅持我所說的那些話都是正確的，但我想，一個人最好冒險相信關於靈魂及其歸宿之類的描述是真的，因為我們已經證明了靈魂是不朽的。這個冒險是高貴的，一個人應當反覆跟自己念叨這些話語，就好像它是一個咒語，我延長故事的理由也正在於此。因此，一個人應該為自己的靈魂歡慶，如果在他的一生當中，他已經忽略了身體的快樂和裝飾，把它們當成是外物，當成是弊大於利的；如果他已經認真關心尋求知識的快樂，不用那些外物裝飾靈魂，而是用它本身的自制、正義、勇氣、自由和真理。這樣一種狀態的靈魂，它已經做好了起程前往另一個世界的準備，只等待命運召喚他的時刻。

「西米阿斯、塞貝，以及你們所有人，」蘇格拉底繼續說，「將會在某個時間開始這段旅程，而我呢，就像悲劇作家說的那樣，命運現在就在召喚我了。也該到了我沐浴的時間了，因為我想，在喝下毒藥之前我最好清潔身體，這樣就不必麻煩女人去清洗屍體。」

當蘇格拉底講完這些以後，克里托說：「很好，蘇格拉底，關於你的孩子，以及其他任何事情，你對我還有什麼要叮囑的嗎？我們可以為你做些什麼？」

「沒有別的事情，克里托。」蘇格拉底說，「也就是我一直在跟你說的那些，你做什麼不要緊，即使你現在沒有許下任何諾言，只要關心好你自己，這就是你可以為我、為我的家屬做的事，也是為你自己做的。但如果你忽視了你自己，不想走上我們此刻以及過去在討論中指明的道路，即使你現在多麼真誠地許下諾言，也沒什麼用。」

「我們一定會竭盡全力遵循你的建議。」克里托說，「但是我們該如何埋葬你呢？」

「隨你喜歡，用什麼方式都行。」蘇格拉底說，「只要你能抓得住我，別讓我躲開了。」他溫和地笑了起來，看著我們，繼續說道：「我沒能令克里托相信，我還是那個在跟你們談話、在跟你們仔細組織論證的蘇格拉底。他倒把我當成一個很快就要變成屍體的東西。所以他才問該怎麼樣埋葬我。我已經說了不少這樣的話了—在喝了毒藥之後，我就不能再跟你們在一起了，而是會起程去享受你們也知道的那些福佑。但看來我說的這些話，在他眼裡只是一些用來安慰你們、安慰我自己的空話。所以，我希望你們能夠為我向克里托做個保證，就像他為我向陪審團所做的那樣。但這兩個保證剛好有點相反。他在法庭上說我會留在這裡，不會逃跑。你們要向他保證，說我死了之後就不會在這裡停留，而是會離開到別處去了。這樣，在我死後他也能少點悲傷，尤其是當看到我的屍體被埋葬或者焚燒時不必感到苦惱，覺得我在經受著可怕的遭遇；在葬禮上，他也就不會說我還躺在那裡、蘇格拉底正在進入墳墓、正在埋葬蘇格拉底之類的話。親愛的塞貝，這些不恰當的話不僅本身不好，對靈魂也有壞處。所以，親愛的克里托，你該開心一點，這只是在埋葬我的身體，而你認為最好怎麼埋就怎麼埋。」

說了這些話後，他站起身來，走向另一個房間去沐浴。克里托跟著他，並叫我們在外面等待。因而我們就待在那等著，互相交談，討論他說過的那些話，然後談到即將降臨在我們身上的巨大不幸。我們感覺自己像是失去了一位父親，將像孤兒一樣度過餘生。

沐浴完後，他的兒子已被人帶了過來，兩個較小，一個較大，家裡的女人也已經過來。當著克里托的面，他跟女人以及孩子們交談，給他們一些指示。然後他送走了他們，回到了我們中間。到了這一刻，已經臨近日落了，因為他在裡面待了不少時間。他走過來跟我們坐在一起，沐浴之後，他顯得精神煥發。我們沒能說多少話，典獄官便已經走過來站在他身邊說道：「我不會像對待別人那樣為難你，蘇格拉底，當我遵循上級的命令告訴他們得喝毒藥時，他們會對我發脾氣，詛咒我。在監禁期間，從各個方面我都已瞭解到你是來到這裡的人中最高貴、最溫和、最好的那位。我知道你不會怨我，因為你知道應該責怪的是誰，該把怒火指向他們，而不是我。現在，你也知道我帶來的是什麼訊息了。告別了，請盡可能放鬆地承受你必須承受的這一切吧。」

當典獄官轉過頭，走出去時，忍不住流下了淚水。蘇格拉底看向他，說道：「那就告別了。我會照著你的要求去做的。」然後又轉向我們，說道：「多麼親切的人啊！自從我來這裡後，他常常過來看我，跟我交談。多麼好的人，而現在他又是多麼真誠地為我流淚。克里托，來吧，讓我們按他說的去做。如果毒藥已經準備好了，讓人拿過來。如果還沒準備好的話，那就讓人去準備吧。」

「蘇格拉底，」克里托說，「我想太陽仍然在山頂閃耀著，還沒有降落下去。據我所知，其他人都會在他們接到命令後好一會才會喝下毒藥，還大吃大喝一番，或者享受跟愛人的纏綿。不要急，還有一點時間。」

「對他們而言，那樣做是很自然的，克里托。」蘇格拉底說，「因為他們覺得可以從中得到好處。但那樣做對我來說卻不合適，因為我不覺得推遲一點喝毒藥的時間，會帶來什麼好處，除了使我自己在我眼裡因為對那點生命的貪戀而變得可笑。所以，就按我的要求去做吧，不用拒絕我了。」

聽蘇格拉底說完後，克里托對站在旁邊的僕人點了點頭。僕人走了出去，過了好一會兒，帶著一個掌管毒藥的人回來。那個人拿著一杯已經準備好了的毒藥。當蘇格拉底看到他時，說道：「我的好朋友，你是這方面的行家，告訴我要怎麼做？」

「沒什麼，只需要喝下它，走動走動，直到你的雙腿感到沉重。然後便躺下來，毒藥自己就會發揮作用。」說著把杯子遞給蘇格拉底。

蘇格拉底溫和地接住杯子。埃克格拉底啊，他面不改色，手也沒有一點顫抖，神情自若。他像平常那樣睜大著雙眼，看著那人問道：「是否可以從杯子裡灑一點出來敬神？」

那人回答：「我們只配製了覺得剛好夠用的。」

「我明白，」蘇格拉底說，「但是或許我能夠這樣做，實際上我必須這樣做，向神祈禱從這裡前往另外一個世界的旅程是無比幸運的。這就是我的祈禱，或許能得到神的同意。」

當他說這些話時，他舉起了杯子，然後平靜地、輕鬆地一飲而盡。在這之前，我們中的大多數人能夠很好地忍住眼淚。但當我們看著他飲下毒藥後，我們就再也忍不住了。我的眼淚止不住地湧出，滴到地板上，我便用大衣去遮掩自己的臉和擦拭眼淚。蘇格拉底啊，我的眼淚並非為他而流，而是為我自己的不幸啊，為自己失去了這樣一個同伴。在我之前，克里托由於沒能遏制住自己的眼淚，起身往外面走去。阿波羅多魯斯之前就一直在擦拭著眼淚，而這一刻，他更是號啕大哭，使我們所有人都悲痛欲絕，只有蘇格拉底自己沒有受到影響，保持著平靜。

「這是怎麼了？」蘇格拉底說，「你們這些奇怪的人。我送走女人主要也是為了這個理由，避免發生這荒唐的事情。因為我聽說過，人死去的時候最好是在平靜當中。所以，請保持平靜，勇敢點吧。」

聽了他的話後，我們都感到羞愧，努力控制著眼淚。他來回踱步，直到他說已感到雙腿沉重時，便按照被告知的那樣躺了下來。那個掌管毒藥的人把雙手放在他身上，一會兒後開始檢查他的腳和腿，用力掐他的腳，問他是否有所感覺。蘇格拉底說感覺不到。然後又掐他的腿，並逐漸往上挪，向我們表明蘇格拉底的身體正在變冷和變硬。

那人摸著蘇格拉底說：「等到心臟變冷時，就結束了。」這時僵冷已經到了腹部下面，蘇格拉底用手把蓋在頭上的布拿開─他之前用它把臉蓋住─說了人生最後的一句話：「克里托，我們還欠阿斯克勒比俄斯[110]一隻雞，不要忘記了還給他。」

「一定會完成的。」克里托說，「還有什麼其他的話要交代的嗎？」但已經得不到任何回答了。

一會兒後，蘇格拉底動了一下。那人揭開他遮臉的布，他的眼睛睜著。克里托看到這裡，便把他的眼睛和嘴巴給閉了起來。

我們的一個夥伴就是這樣離開了人世。埃克格拉底，在我們所認識的人當中，他是最好、最智慧、最正直的那位！

（全文畢）

[110] 阿斯克勒比俄斯，Asclepius，古希臘神話中的醫藥神。

★附錄：人名地名中英對照表

阿波羅多魯	Apollodorus
阿迪曼圖	Adeimantus
阿爾戈	Argives
阿刻盧西亞湖	Acherusian Lake
阿刻戎（冥間，地獄）	Acheron
阿里斯多芬	Aristophanes
阿里斯提普	Aristippus
阿里斯通	Ariston
阿尼圖斯	Anytus
阿斯克勒比俄斯	Asclepius
阿特拉斯	Atlas
埃阿科斯	Aeacus
埃克格拉底	Echecrates
艾理斯	Elis

埃斯吉尼	Epigenes
埃斯庫羅斯	Aeschylus
埃安提多魯	Aeantodorus
安那克薩哥拉	Anaxagoras
安提豐	Antifhon
奧德修斯	Odysseus
奧菲斯	Orpheus
戴達羅斯	Daedalus
得洛斯	Delos
德爾菲	Delphi
德拉克馬	Drachma
德摩多庫斯	Demodocus
底比斯	Thebes
俄刻阿諾斯	Oceanus
俄匹吉尼	Epigenes
菲洛勞斯	Philolaus

菲西斯河	Nver Phasis
斐冬德	Phaedondes
斐多	pheado
佛提亞	Phthia
高爾吉亞	Gorgias
哥利班	Corybant
格勞庫斯	Glaucus
哈耳摩尼亞	Harmonia
荷西俄德	Hesiod
赫菲斯托斯	Hephaestus
赫克托耳	Hector
赫拉	Hera
赫拉克勒斯	Heracles
赫謨吉尼	Hermogenes
卡德摩斯	Cadmus
凱斐索	Cehisian。

凱勒豐	Chaerephon
凱里亞	Callias
科庫托斯	Cocytus
克里特	Crete
克里托	Crito
克里托布魯	Critobulus
克列奧布羅圖	Cleombrotus
克羅諾斯	Cronus
克特西波	Ctesippus
拉達曼迪斯	Rhadamanthus
林迪尼	Leontini
呂克昂	Lyceum
呂珊尼亞斯	Lysanias
呂西斯篇	Lysis
麥加拉	Megara
梅勒圖斯	Meletus

美內克塞努	Menexenus
米諾斯	Minos
穆塞烏斯	Musaeus
納克索	Naxos。
歐幾里得	Euclides
歐里波	Euripus
帕拉留斯	Paralius
帕羅斯	Paros
派特羅克洛	Patroclus
潘娜洛普	Penelope
皮里佛勒戈同	Pyriphlegethon
皮所區	Pitthean
普留	Phlius
普羅迪克	Prodicus
普羅托斯	Proteus
塞奧斯	Ceos

塞貝	Cebes
賽亞吉斯	Theages
斯巴達	Sparta
斯蒂傑安	Stygion
斯蒂克斯	Styx
斯菲圖斯	Sphettus
索妮昂	Sunium
塔塔魯斯	Tartarus
泰阿泰德篇	Theaetetus
坦塔魯斯	Tantalus
特爾西翁	Terpsion
特勒福斯	Telephus
特洛伊	Troy
特提斯	Thetis
貼薩利	Thessaly
烏拉諾斯	Uranus

西米阿斯	Simmias
西西里	Sicily
西緒福斯	Sisyphus
希比亞	Hippias
希波尼庫	Hipponicus
雅典	Athens
伊壁吉尼	Epigenes
尤西德姆篇	Euthydemus
尤西佛羅	Euthyphro

柏拉圖（古希臘）
Plato/原著
吳松林、林國敬/譯者

理想國

西方知識界必讀的經典

本書是柏拉圖的盛年之作，大氣磅礡，博大精深，會哲學、教育、軍事、政治、倫理、文藝、詩歌，被稱為「哲學大全」。後世哲學家都從這裡創造各學說體系。

名家名譯
大師智慧

The Republic

西方文化最偉大的哲學家
人類正義問題的開山之作
天才般規劃了未來理想社會的藍本

《理想國》猶如《論語》，是一部不可不讀的經典，是柏拉圖的一篇重要對話錄，以蘇格拉底之口的對話方式設計了一個真、善、美相統一的政體，即可達到公正的理想國。

全新譯本：推薦書 C403，352 頁 300 元

國家圖書館出版品預行編目資料

蘇格拉底之死 / 柏拉圖 (Ploto) 原著 ; 吳松林 , 陳安廉譯 . -- 初版 . -- 臺北市 : 華志文化 , 2019.07

面 ;　公分 . -- (世界名家名譯 ; 4)

譯自 : The last days of Socrates

ISBN 978-986-97460-4-5(平裝)

1. 蘇格拉底 (Socrates, 469-399 B.C.) 2. 學術思想 3. 古希臘哲學

141.28　　108008793

華志文化事業有限公司

系列／世界名家名譯4

書名／蘇格拉底之死 (The Last Days of Socrates)

作者　柏拉圖(Plato)
執行編輯　簡煜哲
美術編輯　楊雅婷
封面設計　王志強
文字校對　陳欣欣
企劃執行　張淑琴
總編輯　黃志中
社長　楊凱翔
出版者　華志文化事業有限公司
電子信箱　huachihbook@yahoo.com.tw
地址　116 台北市文山區興隆路四段九十六巷三弄六號四樓
電話　0937075060　FAX:02-86637750
印製排版　辰皓國際出版製作有限公司

總經銷商　旭昇圖書有限公司
地址　235 新北市中和區中山路二段三五二號二樓
電話　02-22451480
傳真　02-22451479
郵政劃撥　戶名：旭昇圖書有限公司（帳號：12935041）

出版日期　西元二〇一九年七月初版第一刷
書號　C404
售價　二七〇元